外国语言文学前沿研究丛书

# 中国大学生德语语音语调习得研究

丁红卫 著

上海交通大学出版社
SHANGHAI JIAO TONG UNIVERSITY PRESS

## 内容提要

本书为调查中国大学生德语语音语调习得的研究。本书分为 8 章,第 1 章说明二语语音习得的概念;第 2 章分析如何展开中国学生德语语音习得的研究;第 3 章介绍德语语音系统,包括元音、辅音与语调系统。一般二语语音的评估受音段与超音段两方面的影响。由于超音段因素比较复杂,又可细分为语调与节律。因此,有关中国学生德语的音段偏误、语调偏误及节律偏误的相关产出实验在第 4 章、第 5 章、第 6 章中分别进行详细描述。第 7 章介绍一款计算机辅助语音学习系统在中国的应用。最后对中国学生德语习得的研究进行了总结与展望。本书适合二语习得研究者使用。

## 图书在版编目(CIP)数据

中国大学生德语语音语调习得研究/ 丁红卫著. 一上海: 上海交通大学出版社,2023.2
ISBN 978 - 7 - 313 - 27458 - 8

Ⅰ.①中… Ⅱ.①丁… Ⅲ.①德语—语音—语言学习—研究②德语—语调—语言学习—研究 Ⅳ.①H331

中国版本图书馆 CIP 数据核字(2022)第 171957 号

**中国大学生德语语音语调习得研究**
ZHONGGUO DAXUESHENG DEYU YUYIN YUDIAO XIDE YANJIU

| | | | |
|---|---|---|---|
| 著 者: | 丁红卫 | | |
| 出版发行: | 上海交通大学出版社 | 地 址: | 上海市番禺路 951 号 |
| 邮政编码: | 200030 | 电 话: | 021 - 64071208 |
| 印 制: | 上海万卷印刷股份有限公司 | 经 销: | 全国新华书店 |
| 开 本: | 710 mm×1000 mm 1/16 | 印 张: | 12.75 |
| 字 数: | 192 千字 | | |
| 版 次: | 2023 年 2 月第 1 版 | 印 次: | 2023 年 2 月第 1 次印刷 |
| 书 号: | ISBN 978 - 7 - 313 - 27458 - 8 | | |
| 定 价: | 78.00 元 | | |

随着中国与世界各国交往日益增多，外语口语交际的场合也越来越多，对中国外语习得者的口语水平的要求越来越高。语音是中国学生的一个薄弱环节，因为汉语是一种表意文字，比起英语、德语等表音文字，语义信息刺激较强，而语音信息刺激较弱。人们过多依赖视觉的汉字，而很少依赖语音来区分不同的字词（Sproat，2008）。汉语对语音缺乏关注的特点造成中国学生在学习英语、德语等拼音文字时，对使用语音区分词义重视不够。另外，汉语与英语、德语等拼音文字分属于不同类型的语言，给中国学生学习英语和德语造成语音和韵律方面的很大困难：汉语是声调语言，英语与德语则是语调语言。中国学生说英语、德语时常保留汉语的声调，却难以实现英语与德语的语调（Ding，Jokisch & Hoffmann，2012a）。汉语与英语、德语之间有很多不同的元音与辅音，有些元音与辅音虽然类似，但发音特征不尽相同。这些不同的发音特征造成语音习得上的困难。汉语传统上被看作音节节拍语言，英语和德语则通常被认为是典型的重音节拍语言（Pike，1945）。汉语与英

① 本书由上海交通大学外国语学院学术著作出版基金资助。本书部分内容为上海市社会科学基金项目"中国大学生德语口语语料库建设及研究"（2011BYY002）的研究成果。

语、德语不同的韵律特征也表现在二语韵律习得方面。

神经认知专家认为成年人学习外语的语法和句法能力并不亚于儿童时期,但是语音能力却随年龄的增长而下降(Moyer,2004)。大部分中国学生开始接触外语是在中小学时期,过了所谓学习语言的关键期(critical period)(Scovel,1988),习得者对外语中很多汉语中没有的发音很难辨清,也难以准确发出。因此在说外语时,难免会遇到语音语调方面的困难。很多中国学生在英语和德语的语法、词汇、阅读等方面的能力并不逊于其他国家的习得者,有的甚至与母语者不相上下,却难以克服外语口音方面的困难。正像古诗中所描述的一样——"少小离家老大回,乡音无改鬓毛衰"。乡音一般很难改掉。而浓重的外国口音不但会影响口语交流效果,还会造成一些交际方面的障碍。在外语习得研究中,语音习得的研究对于提升中国学生外语的整体能力显得愈发重要。

现在国内的英语教学正处在一个从整体的课堂教学向多样化的个体教学过渡的阶段。作为语言学与应用语言学的研究者,我们应该抓住这个转折时机,为多样化的个体外语学习提前做好准备。智能化计算机辅助语音学习系统将是未来学生学习外语口语的主要工具之一。智能化的学习系统是一个综合了声学语音实验、心理感知实验、外语教学理论以及语音自动识别和口语自动评估的计算机应用技术的文理交叉领域,需要语言学家与言语技术专家联手合作,才能取得创新的成果。

鉴于以上的说明,本书将分为8章。第1章先说明二语语音习得的概念。第2章分析我们将如何展开中国学生德语语音习得的研究。第3章介绍德语语音系统,包括元音、辅音与语调系统。

一般二语语音的评估受音段与超音段两方面的影响。由于超音段因素比较复杂，又可细分为语调与节律。因此，有关中国学生德语的音段偏误、语调偏误及节律偏误的相关产出实验将在第 4 章、第 5 章和第 6 章中分别进行详细描述。第 7 章介绍笔者原来在德国工作的实验室研发的一款计算机辅助语音学习系统在中国的应用。最后将对中国学生德语习得的研究进行总结与展望。

笔者在此对所有合作者表示衷心感谢，也希望本书能为从事二语语音习得研究，特别是德语语音习得研究的学者提供一些有益的帮助。①

丁红卫

2022 年 3 月

① 笔者在德国德累斯顿工业大学电子信息学院语音所工作长达近 20 年，在上海工作期间，一直与原单位保持合作关系。几乎所有德语本族语的语音数据和部分中国德语习得者的语音数据都在德国专业录音室由笔者本人录制。所有录音数据首先采用德累斯顿工业大学语音所开发的自动标注软件进行标注，并由笔者与德国语音学专家共同进行手工修正。几乎所有的 Praat 分析脚本都由笔者自己编写，数据统计与分析亦由笔者独立完成。不过如果没有德累斯顿工业大学语音所多位老师的帮助，没有中国受试者、德国受试者以及德国听力评估者的参加，这些实验都无法完成。因此，笔者在此向所有为本研究提供过帮助的老师与学生表示衷心感谢。

本书主要内容为上海市社科项目"中国大学生德语口语语料库建设及研究"（2011BYY002）的研究成果，绝大部分实验在 2014 年结项之前完成。但是由于之后忙于新的研究课题，没能顾上成果出版，直到现在才得以印刷。尽管不少实验已经过去很多年了，但是研究内容、研究方法与研究发现至今仍是大家关注的焦点，值得进一步探讨与研究。

CONTENTS | **目录** |

# 第 1 章
# 二语语音习得

随着世界全球化的不断发展,各国之间的沟通也越来越多,由于工作或生活的需要,越来越多的人都期望能学会一两门外语。有关二语习得的科学研究也越来越受到关注。

语音是语言的基础,语音作为人们获取和沟通信息最方便、最有效的手段,是语言能力中非常重要的组成部分。在口语交际能力越来越重要的今天,准确、流利的外语发音对学习者来说尤为重要,因此,语音学习在二语习得中的地位不可小觑。近几十年来,二语语音习得(second language speech learning)的研究发展非常迅速,也逐渐成为语言学、心理学、教育学与言语技术领域的跨学科研究(Bohn & Munro,2007)。

## 1.1 二语语音习得研究范畴

在我们深入探讨二语(L2)语音习得之前,本章先对该领域的一些重要概念做一个对照说明,以明确二语语音习得的研究范畴。

### 1.1.1 二语与外语

我们所指的二语习得(acquisition)并非只指第二外语的习得,而是指除了童年的时候学的母语以外的其他语言的习得。正如 Saville-Troike(2006:2)所解释的:

> 尽管有可能是第三语言、第四语言或第十语言的习得,我们都称之为二语习得。二语习得通常也称为目标语习得,指正在学习的任何一

种目标语言。

尽管德语在中国通常是作为第二外语或第三语言被学习的,但是,我们也采用二语在研究领域的广义定义,在本书中德语习得也称为二语习得。从本质上看,研究中国习得者的英语与德语学习都是研究汉语之外的语言学习,有很多共性,可以统称为二语习得。但是德语习得又有很多个性,德语在中国通常作为习得者的第三语言。德语习得不仅受到母语汉语的影响,也受到第一外语英语的影响。因此在需要区别英语与德语习得的上下文中,我们就称德语习得为目标语习得。

### 1.1.2　习得与学习

语言习得通常指潜意识地学会一种语言,而语言学习则指有意识地学习目标语。美国语言学家 Krashen 是这样区别习得与学习的:

> 潜意识的语言习得类似于儿童获得母语的过程。习得者运用目标语进行自然交流,将注意力放在语言所传递的信息而非语言的形式上。其结果是习得者学会潜意识的语言能力。(Krashen,1981:1)
>
> 有意识的语言学习是通过课堂教师讲解语法规则,并不断纠正语法错误来完成的。习得者将注意力集中在形式上,而非其所传递的信息上。其结果是习得者获得对语言结构有意识的掌握。(Krashen,1981:2)

Krashen 认为要真正地掌握外语,靠学习是不行的,习得是外语学习者掌握外语的唯一渠道。习得只在自然的语言环境中才能产生;学习作为有意识地对语法规则的学习和训练,不可能导致习得。Krash(1981:2)提出的监控假说(Monitor Hypothesis)进一步区分了学习与习得的功能:

> 学习所获得的知识对输出言语起监控或编辑作用,人们在说、写之前或之后,往往会在大脑中运用所学的语法知识有意识地进行监控,对输出的言语加以纠正,用学会的语言规则来检查语言的准确性。

然而，很多研究者指出，语言学习中的下意识和有意识是无法真正明确地加以区分的。Littlewood（1984）认为，学习可以作为一个概括用语，包括无意识与有意识的学习活动。更多的专家证实，课堂学习与自然习得并不相互排斥，而是相互促进。Ellis（1989）用成年人学习德语单词排序规则（German word order rules）的例子证实，课堂学习并不会影响习得的路径（route of acquisition）。相反，课堂学习能加速习得的速度，提高习得所达到的语言水平。只通过使用目标语交流的习得者在能够达到交流的目的后会出现语言石化（language fossilization）现象而停滞不前，而通过系统的课堂学习，习得者能够突破石化阶段，进入更高层次。二语语音习得也不例外。Bongaerts 等（1997）通过调查，证实成功的语音习得者通常接受过强化的目标语的语音训练。

很多研究已表明，对于成年人而言，有意识的学习非常重要，既能加速二语习得进程，也能使习得者百尺竿头，更进一步。我们进行各类语音实验的目的是揭示二语习得者语音语调方面微妙的偏误，并希望习得者能够有意识地不断改进，争取更大的进步。

在信息高度发达的今天，我们已经很难将习得与学习明确区分开。我们一般说的学习既包括在自然状态下的无意识的习得，也包括在课堂上的有意识的学习训练（Saville-Troike，2006）。因此，在本书中，除非需要特别强调习得与学习之间的差异，我们一般不区别习得与学习，认为两者可以互换。二语习得既包括在目标语环境中潜意识地学会使用目标语，也包括在课堂上有意识地学习目标语的过程。

### 1.1.3　二语语音习得与二语语音习得研究

语言是我们表达思想感情的最重要的交际工具。学习一门外语，语音学习是首要与基本的部分。二语语音习得主要包括音素的学习、语调的学习和节奏的学习。

（1）音素（phone）的学习。音素是最小的语音单位，是具有区别性的语音。对于一个成年的中国学习者来说，外语中有区别特征的音素，如果在汉语中没有区别，习得者便很难感知其中的差异。如果仅靠习得者凭听辨去模仿发音，比较困难。这时需要习得者按发音规则去感受、体会正确的发音位置与发音器官的运动。采用科学的方法去学习，发出的音才能更加接近目标语的音素。此外，我们还需将音素与音位区分开来。首先，音素属于语音学研究的范畴，音位（phoneme）属于音系学研究的范畴；其次，音素是人们在言语交际中所能发出和感知的最小语音单位，音位是语言中能区别意义的最小语音单位；最后，根据国际语音协会定义，音素用方括号[]表示，音位用斜线//表示。本书也遵循该标音规范。

（2）语调（intonation）的学习。每个语言都有自己的语调系统，习得者需学习有关语调使用规则。只有通过大量目标语的听力训练，去感受目标语超音段的规律，才能学到比较地道的目标语的语调。

（3）节奏（rhythm）的学习。节奏或节律如同语言的旋律，音的长短与意群间的停顿都对节奏产生影响。每种语言都通过轻重缓急的不同展现其独特的语言节律。

二语语音习得不但要求能正确地发出目标语的全部音素，以及不同音素在单词和句子中的发音组合，还需要按实际的交际场景，以正确的重音、连读、节奏、停顿和语调进行表达。

我们研究的二语语音学习并非只指狭义的语音（phonetics）方面的学习，而是指广义的言语学习（speech learning）。二语语音习得方面最具影响力的一位学者Flege称二语习得者在目标语感知与产出方面的研究为言语学习研究，也就是我们通常所说的语音习得研究。二语语音习得研究可以从很多角度着手，传统的研究视角有：

（1）从言语（speech）出发的语言因素，可以从音系（phonology）方面，也可以从语音（phonetics）方面研究目标语与母语之间的差异；

（2）从习得者（learners）出发的非语言因素，比如二语习得者的年龄，接触二语的数量和质量，使用母语与二语讲课的情况，以及习得者个人的因素，比如学习动机、语言天赋、喜好等。

最初的二语语音习得研究大都从比较目标语与母语的音系系统方面入手，分析二语习得者遇到的音系问题。近年来，随着语音技术手段的突飞猛进，语音实验方面的研究也得到迅速的发展。国内外研究二语语音习得的领域不断扩大，主要包括二语语音感知与产出的关系、母语迁移、辅音和元音的音段、语调与韵律的超音段、非语言因素对二语语音习得的影响，以及二语语音教学等方面。

## 1.2  二语语音习得研究趋势

国际上二语语音习得的研究方法和研究范围不断变化、不断扩展。国内的研究也随之变化。

### 1.2.1  研究方法的变化

国外实证性的研究始于 20 世纪 50 年代末与 60 年代初。起初人们用对立分析(Contrastive Analysis)来解释二语习得者遇到的音段问题(Lado，1957)，后来人们发现简单地用源语言与目标语的音系对比无法解释二语习得者遇到的发音困难，于是开始寻求用语音描述的方法来解释这些问题(Briere，1966)。接着大家又注意到只比较母语与二语，从而确定干预和迁移也无法解释为什么有些习得者能够非常成功，而另一些习得者却没有进步(Bohn，1995)。对立分析也无法解释为何具有同样背景的母语习得者的二语语音水平却大相径庭，因此二语习得研究不仅研究语言，也扩展到研究习得者本身。

国内研究语音习得的趋势也随国际的变化而变化。20 世纪 50 年代语音习得研究伊始，国内语音习得的研究方法也从单一的理论研究转向实证研究。20 世纪 90 年代初，我国语音实验开始量化研究。语音技术的发展为量化研究提供了技术手段，语音研究开始采用调查、实验、声学测量、语料库等量化的分析手段，从语音学、心理学等多个角度研究二语语音特点，分析语音偏误，研究语音教学法技术突破等。王桂珍(1990)采用实验方法对汉英音幅进行比较分析，发现汉英句子在音幅(指音高的变化，即最低音到最高音之间的距离)方面表现不同，虽然中国学生说汉语时音高变化幅度也很大，但是音高变化方式却与英语本族人不尽相同。由于中国学生英语的轻重音节奏没有掌握好，在英语节律方面便存在很大问题。王茂林(2009)对比美国人与中国学习者英语中塞音的发音情况，发现中国学习者英语塞音发音为部分浊音的比例较大，英语浊塞音的发音较好，而清塞音的发音较差。

　　随着多媒体技术和计算机网络在外语教学领域的应用，20 世纪 90 年代开始出现很多相关的教学改革和实践研究。2005 年国家社会科学基金项目成果"中国大学学习者英语口语语料库"（College Learners Spoken English Corpus，COLSEC）的建成为英语语音研究构建了新的平台。基于语料库的量化研究不断增加，内容主要涉及中国学生的英语发音错误特征、英语口语的话语结构特征等研究（杨惠中、卫乃兴，2005）。

　　科学实验和量化方法的普及使二语语音习得研究成果更具科学性和可信性，并逐步走向完善。语音学理论的发展也为语音习得研究开辟了新的空间，国内研究者不断从新的视角对中国学习者语音习得进行探索，比如从认知心理角度对语音加工技能进行研究等。

### 1.2.2　研究范围的变化

　　母语的迁移作用以及非语言因素都会影响二语语音的习得，二语语音习得的研究范围日趋广泛，主要聚焦于以下几个方面。

#### 1.2.2.1　跨语言的语音感知

　　20 世纪 70 年代，研究二语语音习得的注意力开始转向研究二语习得者与本族语者之间的感知差异。比如 Abramson 和 Lisker（1970）有关嗓音起始时间（VOT）的跨语言实验、Miyawaki 等（1975）有关英语本族人和日本英语习得者区分/r/和/l/的感知和心理实验。从此之后，外语习得者与本族语者对语音感知的差异就成为二语语音研究的焦点，一系列的实验揭示了二语习得者感知方面的规律，构建了二语习得者语音感知方面的理论框架。

　　而在此期间，母语习得感知的研究成果也为二语习得感知提供了理论基础。其中比较重要的有 Eimas 等（1971）发表在《科学》杂志上的关于婴儿对语音范畴感知的实验，说明刚出生不久的婴儿就能区分大部分世界语言的语音。而另一个在此基础上的实验则说明 1 岁以内，婴儿对语音的感知已经因受到周围环境的影响而发生改变（Werker & Tees，1984）。随着母语感知实验研究的不断深入，二语习得者的感知实验也越来越多。通过这些实证研究，人们证实成年人对母语中没有的语音对立的感知会遇到困难，并试图解释其原因。

20 世纪 80 年代末,感知实验在二语语音习得领域占据主导地位。语音学家做了大量的实证实验(Jamieson & Morosan,1986；Pisoni et al.,1982；Strange & Dittmann,1984),试图探索通过实验室听力训练,改善非本族语者对音段对立的感知效果。从那以后,在跨语言的语音研究领域,最常见的两个理论框架便是 Best (1994)的知觉同化模型(Perceptual Assimilation Model,PAM)和 Flege (1995)的语音学习模型(Speech Learning Model,SLM)。以上两个模型都是用来解释为什么二语习得者在二语语音感知方面会遇到困难的。近年来,二语习得领域研究的深度不断加强,范围不断扩大。研究范围开始触及过去较少研究的非音段现象、音乐训练的效果、脑成像、单词识别等。

### 1.2.2.2　年龄与语音学习

很多二语习得研究表明,学习外语的年龄与语言能达到的水平有很强的相关性。几乎所有的实验都证明,年龄较大开始学习外语的人感知和发音的方式与年龄较小就开始学习外语的人完全不一样,而且年龄较大开始学习外语的习得者说外语时经常带有母语口音。很多语音学家考察了移民英语国家的人的年龄与其外国口音的关系,发现两者有着很强的相关性,这表明越晚到达英语国家的外国人,外国口音越重(Flege,Yeni-Komshian,et al.,1999)。大部分学者接受第二语言关键期假说(Scovel,1988),他们认为超过一定年龄(一般认为是 12 岁)的二语习得者很难达到目标语的标准发音。但也有学者,如 Birdsong (2005)通过反面的例子说明很晚才接触第二外语的习得者也可以达到近似母语的语音语调水平。另一方面,不少学者,如 Flege (2006)也证实有些年龄很小就学习第二外语的习得者同样也有外国口音,并不随二语水平的提高而减弱。虽然我们能找到一些例子说明年龄与口音的相关性不大,但是大家也注意到较晚开始学习第二外语的习得者能达到接近母语语音语调的水平得益于其语音天赋、极强的学习动机和有的放矢的语音练习。

### 1.2.2.3　语音训练

越来越多的实验证实,成年二语习得者在非母语语音范畴感知方面通常遇到很大困难,于是很多学者开始关注是否可以通过训练来促进二语习得者的听辨能力,以及通过怎样的实验才能取得令人满意的成效。况且感知训练的研究对于 Flege 的语音学习模型来说也特别重要,因为 SLM 模型认为二语发音产出的准确性与听辨能力保持一致。如果能改善二语听辨能力,二语产出能力也将得到改善。随着语音技术的进步,人们开始使用视觉辅助听觉训练听辨能力。

## 1.3　二语语音习得研究内容

与以上分析的二语语音习得研究范围的发展相对应,二语语音习得研究的内容通常也可以分为三个方面,即:① 研究语音错误本身(如跨语言的语音感知);② 研究影响语音偏误的因素(如年龄与语音学习);③ 研究如何纠正语音偏误,解决问题(如语音训练)。

### 1.3.1　语音语调偏误研究

虽然二语习得者努力地学习目标语,但还是很难达到与目标语本族人一样的水平,总是会出现这样或那样的偏误。而人们在研究这些偏误时,却能发现母语相同或外语水平等特征相似的习得者出现的语言偏误有很多相似之处,其二语形成了一种独特的介于母语和目标语之间的过渡性语言系统,Selinker (1972)称之为中介语(interlanguage)。于是,研究二语语音语调偏误便成为研究中介语音段及超音段的语音特征。

#### 1.3.1.1　中介语与语音石化

Selinker 认为中介语是二语习得者在学习目标语过程中形成的一种特定语言系统。这种语言系统在语音、词汇、语法、语用等方面既不同于母语,也不同于所学习的目标语,而是一种随着学习的发展向目标语的正确形式逐渐靠近的一种动态的语言系统(Selinker,1972)。中介语是二语习得中的必经之路,是动态的、不断发展的。二语习得者在学习过程中,会不断调整自己的语言行为,使这种语言行为适合目标语的表达习惯,由错误逐渐向正确方向转化。

一般说来,随着二语习得者不断地学习,中介语会向目标语的正确形式不断靠拢。然而,很多时候,在中介语还未达到目标语的模式之前,就停滞不前了。Selinker 称这种停滞不前的固定状态为语言石化。语言的学习是

一种认知过程,Selinker(1972:215)认为语言石化现象的出现受五个方面认知机制的影响,即:

(1) 语言迁移(language transfer);

(2) 训练迁移(transfer-of-training);

(3) 第二语言学习策略(strategies of second-language learning);

(4) 第二语言交际策略(strategies of second-language communication);

(5) 目标语的过度笼统化(overgeneralization of target-language linguistic material)。

由于受以上单个或多个因素的共同作用,二语习得者中介语的石化现象可能出现在语言的各个次层面,如语音、词法、句法、语义、篇章、语用等。而很多材料表明,中介语系统中语音的石化现象最为突出。很多二语习得者随着外语学习的不断深入,其在语法、词汇、句法等方面的语言水平都不断进步,但是其语音语调却多年不变。有的二语习得者使用目标语写作得心应手,能与母语作家媲美,但是口音却能泄露他们非本族人的身份。比较典型的例子便是生于波兰的英国小说家约瑟夫·康拉德(Joseph Conrad)(Grosjean,2010),他被公认为在语法等方面达到了英语本族作家的水平,但在语音方面,他却始终保持着波兰语的口音,这便是所谓的"约瑟夫·康拉德现象"。

石化现象的出现,使得中介语具有一定的系统性与稳定性,我们将中介语与目标语之间的差异(deviation)称为"偏误",以区别"错误"。我们认为错误是指在使用语言时的胡猜乱想和口误,是没有正确使用已知的语言系统所致。任何人在使用本族语或外语时都会发生错误。而偏误是在二语习得的过程中产生的,是有规律可循的。我们对比中介语与目标语,分析二语习得者的偏误,从而揭示那些有规律的、并非偶然发生的事件,最终目的是帮助二语习得者打破石化的僵局,进一步向目标语靠近。

### 1.3.1.2　中介语研究内容

语音偏误通常从音段和超音段方面进行分析(Ulbrich & Mennen,2016)。已经有大量的研究对偏误及其原因进行了分析。Gut(2009:41)对国际杂志中二语语音音系习得领域的研究进行了较全面的统计,其结果表明语音音系习得的偏误通常包括以下方面:

- 元音与辅音音段产出的偏误
- 元音与辅音音段感知的偏误
- 韵律
- 音节结构与辅音群
- 外国口音
- 流利程度
- 单词重音
- 语调
- 言语节律
- 音系过程[比如音节划分、闪音(flapping)、协同发音]
- 声调
- 控制
- 小句划分
- 韵律
- 喉部发音方式
- 发音过程

　　国际上语音研究最多的便是中介语语音音段发音的偏误,包括单个元音、单个辅音和塞音的浊音起始时间(VOT)。位居第二位的便是二语习得者对目标语感知的偏误。接下来的研究领域超出音段部分,开始涉及中介语的音节结构、辅音群、外语口音、流利程度以及词重音的形式,关于语调、节律和音系过程的研究也有一些文献。语音技术的迅速发展促进了语音研究技术的不断更新,中介语语音研究也从最初的音段方面扩展到超音段方面,研究的广度与深度都有所加强。

　　中介语音段与超音段的研究遍及言语链(speech chain)(Denes & Pinson, 2012)的主要过程,涉及实验语音学的三个方面,即生理语音学、声学语音学与感知语音学。不少专家做过生理发音方面的研究,譬如控制发音、断句、喉部发音方式以及发音过程;很多专家只研究二语习得者语音产出的声学特征;另一些专家只调查二语习得者的感知能力。也有不少学者开始比较中介语的语音产出与语音感知的相关性(Borden et al., 1983;Flege &

Eefting，1987；Levy & Strange，2008)。人们开始关注中介语产生的整个过程。

### 1.3.1.3 中介语与语音数据库

随着语音科技的发展,国外研究者越来越多地采用建立语音数据库来系统研究中介语的语音语调特征,比如有德国人学习英语的口语语料库 The LeaP Corpus (Gut，2009),日本人学习英语的口语语料库 The NICT JLE Corpus (Izumi et al.，2005)。而且国际上还成立了专门组织 COCOSDA (International Committee for Co-ordination and Standardisation of Speech Databases)来协调口语语料库的标准化及口语语料库的评估工作。

从 20 世纪 80 年代开始,国内研究者也开始利用语料库研究中国学习者的音段音位错误,包括上海交通大学语言文字工程研究所建立的中国大学学习者英语口语语料库 COLSEC(杨惠中、卫乃兴,2005)。之后便有很多学者利用 COLSEC 对中国大学生英语习得的音段特征进行多方面的研究,如大学英语学习者吞音现象的调查(冯友,2005)、语音偏误现象的研究(卫乃兴、高霞,2005)等。对于偏误成因,多数研究从语际和语内因素两方面进行分析,也有的研究从区别性特征的角度剖析相关语音偏误。

随着 20 世纪 80 年代末人们开始对超音段(主要包括重音、节奏、语调等)的重视,相关研究也不断深入。Archibald (1992)发现,如果二语学习者的母语不是由重音构成的,他们在学习有重音的语言时就不能储存韵律,而是用词汇的形式来储存。研究表明,中国学习者在韵律方面的错误比较多见:通过语料库研究发现,中国大学生英语单词重音错误很明显受到以音节为节拍的汉语语音节律的影响(高琳、邓耀臣,2009);通过对中国学习者英语朗读中重音复现的节律进行归类研究,发现学习者的口语中出现明显的音节节拍语言的特点,学生存在平调、降调使用过度的问题,对体现说话者语气和态度方面的二级调型掌握还不够好(陈桦,2008)。

### 1.3.2 影响语音习得的因素

人们在发现二语习得者中介语的音段和超音段与目标语的差异之后,便探寻造成这些差异的原因。人们一般认为影响中介语的特征通常可以分为语言因素与非语言因素(Piske et al.，2001；Leather & James，1991)。

### 1.3.2.1　语言因素

多数二语习得者是在母语体系成熟后开始学习二语的,二语习得者通常会将母语的语音音系模式运用到目标语中,Selinker 称这种现象为迁移作用(Selinker,1969)。人们普遍认为母语的语言因素对二语语音学习具有不可忽视的迁移作用(俞理明,2004)。如果目标语中音位对立的区别在母语中存在,习得者成功地将母语中的经验应用于目标语中,便对目标语的语音习得产生正迁移。相反,如果目标语中的音位对立在母语中不存在,习得者将母语的经验错误地应用于目标语中,母语便对目标语的习得产生负迁移。母语对目标语学习的负影响尤其体现在对外语发音的影响上,从而造成严重的外国口音。由于目标语与母语语音音系系统中发音完全相同的音素比较少,大部分音素比较相似,还有部分音素完全不同,这些都会导致负迁移发生。Flege (1987)的等值归类(equivalent classification)认知机制认为,学习者容易将目标语中的相似音素归入母语的语音范畴中,阻碍目标语的正确发音。除了相似音素之外,目标语中不存在的音素也会对二语习得者的发音产生制约作用。Hansen (2001)对中国英语习得者的音节尾辅音的发音调查发现,中国习得者对汉语中没有的辅音丛发音有很大的困难。另外,Best (2007)认为二语学习者在课堂上听到有外国口音或有方言口音的目标语对二语习得者的语音感知都会产生负面影响。

### 1.3.2.2　非语言因素

除母语语言因素以外,很多非语言因素对目标语的习得也有很大影响。

(1) 研究最多的便是二语习得者的年龄。大量的研究表明,接触目标语的年龄越小,语音语调越接近目标语本族人。

(2) 二语习得者在目标语环境中生活时间的长短对其语音语调也有一定的影响。

(3) 二语习得者学习目标语的动机对其所能达到的目标语口语水平有非常重要的影响。例如,有些二语学习者出于对自身文化的归属感而不情愿按照目标语的发音方式说外语,他们目标语的语音语调明显带有源语言的口音,但这方面还缺乏深入的实证研究。学习动机是语音习得的可控因素之一,提高学生的学习动机(尤其是深层动机)能对学生的观念和策略产生很大影响。如果学生认为好的发音能提高外语学习自信心,还有利于将来就业深造，那么他们就会努力去学目标语标准的语音语调。

（4）学习者的性别。人们通常认为女生的语音语调比男生更加流利、地道。但是这还需要通过更多生理方面、动机方面和自我控制方面的实验验证。

（5）学习的时间长短以及内容。学习的时间长并且有专门的语音培训，一般会提高二语习得者对语音与语调的关注，从而能有效提高其发音水平。

（6）是否一直使用母语。如果二语习得者只在课堂上学习外语知识而不使用外语，其语音语调很难得到改善。

（7）语言能力。关于语音天赋与语音习得关系方面，一般认为，有语音天赋的学习者语音加工能力较强，有较高的语音编码能力和语音感知能力，有利于语音学习。语音感知与产出的关系仍需进一步研究。还有研究表明，后天的学习策略培训可以弥补语音天赋的不足。

影响二语语音学习的这些非语言因素因学习环境不同，使得情况变得非常复杂，还需要大量的微观、量化的研究。

### 1.3.2.3　多因素模型

Gut（2009）通过二语语料库研究提出了二语语音研究多因素模型（multifactorial model of non-native speech）。Gut 对 101 位二语习得者的中介语的音系与语音的辅音词尾简化、语言节律、元音弱化和语调进行了分析调查，还考察了这些二语习得者的语言流利程度、形态句法以及词汇方面的语言因素。此外，Gut 还对非语音因素，如年龄、动机、语音训练、学习二语的时间长短、二语水平等对中介语的影响做了分析与研究。在以上研究的基础上，Gut 建立了二语语音研究多因素模型，如图 1.1 所示。

该模型以中介语中的音系为焦点，是在分析二语习得者的母语结构和二语结构、考察二语习得者产出中介语的说话方式（如自然语言或朗读语言）的基础上建立起来的。该模型认为二语（及中介语）由音系、形式句法、词汇和流利度这四个既独立又相关的范畴组成。音系本身又由几个子范畴构成，比如辅音丛简化、元音弱化和语调。Gut 对二语习得者的语音训练、年龄、二语水平、学习二语的时间长短、学习二语的动机等非语言因素对二语习得者口音的影响也做了调查和分析。通过调查，Gut（2009）将以上因素之间的关系分为三类：具有很强的相关性（用粗黑双箭头实线条表示）；

较弱相关性(用细黑双箭头虚线条表示);有很大影响(用粗黑单箭头实线条表示)。这些多因素之间的关系可以总结如下。

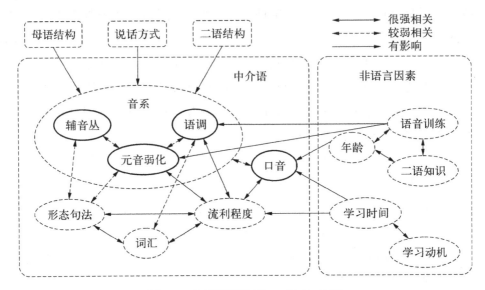

图 1.1 多因素模型(Gut, 2009: 299)

相互间相关性非常强的范畴有:

- 中介语语言因素中的流利程度与语言因素范畴内的形态句法、词汇、口音,与音系范畴内的元音弱化和声调之间的关系;
- 语言因素中的形态词法与词汇的关系;
- 非语言因素中的语音训练与开始学习二语的年龄、二语知识水平之间三者之间的相互关系;
- 非语言因素中的学习二语时间的长短与动机之间的关系。

相互间相关性一般的范畴有:

- 音系范畴内的元音弱化与辅音丛简化、语调与形态词法之间的关系;
- 音系范畴内的辅音丛简化与形态词法的关系;
- 音系范畴内的语调与非音系范畴内的词汇的关系;
- 音系范畴与口音的关系。

对语言因素有较强影响的因素有：

- 母语结构、二语结构以及说话方式对音系范畴有影响；
- 非语言因素中的语音训练对语调和元音弱化有影响；
- 非语言因素中的学习语言的年龄对口音有影响；
- 非语言因素中的学习二语的时间长短对口音与流利程度有影响。

正如 Gut (2009)所指出的，该模型并非穷尽所有影响中介语语音的所有因素，特别是那些相关性比较弱的范畴还有待我们进一步探索。

### 1.3.3  解决问题的探索

为解决二语学习者语音习得问题，研究者提出很多改革建议，在理论和实践上都进行了很多探索。尤其体现在语音教学方面，如重视语音教学，改进教学方法、语音教材和课程设置，加强教师语音培训等等。外语语音教学自 19 世纪末出现以来，经历不同发展阶段，其发展趋势是教学重点从音段转向超音段，开始重视重音、节奏、语调等超音段特征的教学。主张音段与超音段教学相结合，对母语与目标语两种语言的发音体系和规则作适当的比较，并将语音教学融入有意义、带情景的语言练习和任务的语言训练中，让学生接触大量自然的语音材料，培养学生自主学习能力，并注重情感因素对语音学习的重要性等。有些学者强调关注学习者语音加工技能的发展以提高其语音意识。研究证明，有意识的二语语音训练不仅有助于提高语音生成能力，反过来也能促进语音感知能力的提高。

语音教学往往受到不同时期主要教学法的影响。听说教学法流行时期，语音教学主要采用纠错、模仿、对比操练等方法培养学生语音习惯；交际教学法出现后，语音训练方式趋于多样化，更加重视语音分析和超音段音位教学。不论采用何种具体方法，学者普遍认为，语音加工技能可经训练得到改善。虽然对二语语音系统的认知能力不可能在短时间内很快转化为正确的发音，但认知能力的提高有助于二语语音语调的习得。

另外，语音教学也从非语言因素着手，比如从年龄、接触目标语的情况、对目标语的认同情况、内在动机以及语音天赋方面加以改善。

　　(1) 第二语言关键期假说认为,超过一定年龄(一般认为是 12 岁)就很难习得目的语的标准发音(Scovel,1988)。因此,现在小学便开始让学生接触外语,特别是英语。但是我们同样不能放弃过了关键期之后才开始接触英语的学生,特别是中国学生大都在大学才开始学习第二外语,比如学习德语,我们同样希望他们也能说一口语音语调地道的德语。况且也有研究表明,如果条件适合,成年人同样能够习得目标语的标准发音(Birdsong,2005)。这方面的研究仍有很多探索空间。

　　(2) 接触目标语的情况是语音习得的另一重要的外部因素。不少学者认为,目标语输入的质量和强度比接触目标语时间的长短对语音习得的影响更为重要(Wagner-Gough & Hatch,1975)。中国学习者英语语音学习受多种环境因素的影响,如应试教育、学校和教师对英语语音教学重视程度、教学硬件条件、教学方法、教学材料、教师本身的发音水平等。这些因素都会影响英语语音输入的质量和强度,进而影响语音习得。例如,有研究表明,教学对学习者语音偏误的作用不可忽视,学习者的偏误有时来自教师(Best & Tyler,2007)。提高外语教师的发音水准,或让学生模仿标准本族语的语音语调非常重要。

　　(3) 除了课本教学以外,引导学生通过观看外语电影等方式,了解目标语国家的文化与历史,对目标语的文化产生认同感也能激发学生习得标准语音语调的动机。

　　(4) 实验研究证实,视觉及多模态手段对成人二语习得者的语音知觉能产生较大影响。20 世纪中期以后,现代化的视听设备和计算机网络为语音教学法带来了技术突破,大大改善了语音教学效果。有实验研究证明,计算机网络课程有助于学生自主学习能力的培养,在改进学生语音语调等方面优于传统视听说教学模式,有利于提高中国学生的外语语音水平。

## 1.4　结语

　　本章首先对一些常用的概念,如二语与外语、习得与学习、二语习得与二语语音习得进行了概括性的比较与说明,从而进一步界定了二语语音习得的范畴。接着我们从二语语音习得的研究方法与研究范围的变化情况,阐明了国际与国内二语语音习得研究的发展趋势。最后，我们考察了研究二语语音习得的内容。

随着语音技术的进步，现在比较普遍的研究方法是收集语音数据库，研究二语习得者中介语的语音与韵律特征，并从母语负迁移的语言因素以及年龄、动机等诸多非语言因素方面，探讨造成中介语与目标语之间差异的原因。通过介绍 Gut 在实证基础上建立的影响二语语音音系多因素模型 (Gut，2009)，全面描述各因素之间的关系，以及对二语习得者语音音系能力的影响，我们发现，现在比较有效的语音教学法是利用视听设备以及计算机辅助设施，激发学生的学习动机，培养学生的语音感知能力，从而促进二语习得者语音语调的改善。

# 第 2 章
# 中国学生德语语音习得研究

英语是目前最重要的国际语言，在中国也通常作为第一外语教授，而德语等其他外语一般作为第二外语教授。然而随着中国不断国际化，人们往往不满足于掌握一门外语，年轻的学生开始学习第二外语，德语往往会成为理工科学生第二外语的首选。由于德语与英语在外语习得中的地位不一样，德语学习也呈现出很多与英语习得不同的特点。

## 2.1　中国德语习得者的特点

从第 1 章分析的影响二语习得者的语言因素与非语言因素的角度来考虑，中国的德语习得者有以下特点：

- 语言方面的因素很复杂。除了母语汉语对德语习得有迁移作用，第一外语英语对德语习得也有迁移作用。
- 大部分习得者过了关键期的年龄。大多数中国学生往往在上大学之后开始接触第二外语德语。
- 学习动机各不相同。有些学生只是出于个人兴趣，希望了解一下德语语言方面的基本知识；有些学生希望赴德国留学或在德国公司工作，能够使用流利的德语与德国本族人沟通交流。
- 学习德语的时间较短。如果上大学以后开始学习德语，德语课堂的累计学习时间也不会太长。
- 德语语音训练机会有限。由于德语本族语的语言老师数量不多，语音训练机会相对较少；而由中国老师教授的德语课对语音感知和习得也不是很有利。

- 对德语语言知识掌握得较少。英语属于最重要的国际语言,德语则属于小语种。因此,学生对德语语言知识与语音知识掌握得也较少。

综上所述,德语学习中有两点比较有优势,其一是英语中学到的与德语中相同的语音能力能够在德语习得中产生正迁移;其二是有些学生有非常强的学习动机,期望能说流利纯正的德语,以便与德语本族语者进行交流。其余影响二语习得的因素大都对德语语音习得者不是很有利。

影响中国德语习得者的非语言因素中有两大特点比较突出:一是习得者普遍年龄较大,二是一部分习得者的学习动机很强。下面我们分别就这两个特点进行进一步的讨论。

### 2.1.1　年龄特点

大部分中国学生开始接触德语是在进入大学以后,过了所谓学习语言的关键期(Scovel,1988)。神经认知研究认为,成年人学习外语的语法和句法能力并不亚于儿童时期,但是语音能力却随年龄的增长而下降(Moyer,2004)。习得者对德语中很多汉语中没有的语音难以辨清,也不易准确产出。很多中国德语习得者在德语的语法、词汇、阅读等能力方面并不亚于其他国家的习得者,有的甚至与德语本族人不相上下,而中国口音却是德语学习者最难克服的困难。正像古诗中所描述的一样:"少小离家老大回,乡音无改鬓毛衰"。乡音一般很难改掉,浓重的外国口音不但会影响口语交际效果,而且还会造成一些交流方面的障碍。

但是,也有很多事实证明,即使上大学以后才开始学习德语的成年人,通过有的放矢的语音训练,并在德语环境中积极与德国本族人进行口语交流,同样能习得语音语调比较纯正的德语。我们研究二语语音习得的目的是使更多的习得者能够认清他们语音语调方面的偏误,通过有意识的学习和训练说出比较地道的德语,增进口语的交流与沟通。Flege 与 Bohn(2020)也在其新修订的言语学习模型内(the revised Speech Learning Model,SLM-r)不再把研究言语学习的关键期作为重点,而是把语音(尤其是元音与辅音)的学习作为生命旅程中可以不断学习的部分,只是随着年龄

的增大,大脑神经可塑性下降,利用二语输入的能力相对减退而已(Flege &
Bohn,2020)。而且很多文献也表明,在人们的整个生命过程中,大脑神经仍会
保持一定的可塑性,让人们在二语语音习得中能不断进步(de Leeuw,2019)。

### 2.1.2　动机特点

中国学生学习德语的动机与学习英语的动机也不尽相同。大部分中国
学生学习英语是因为这是学校的一门课程,取得好的英语成绩可以有更多
机会得到好的工作。而很多德语习得者学习德语是为了赴德国学习或工
作。不同的动机也会影响习得者语音语调的习得。

Krashen(1981)认为动机因素对外语习得的成功非常关键。Dulay 和
Burt(1977)则提出情感过滤(affective filter)假设,将人类头脑对语言的堵
塞现象称为"情感过滤"。情感过滤器的堵塞或屏障将语言输入挡在外边,
不再能到达语言习得机制(language acquisition device)。于是,动机因素与
态度因素比语言因素更值得关注。情感过滤器就像一扇阀门,当其关闭时,
几乎所有的输入都被堵在外面,难以进入大脑的语言习得机制。无论这些
语言输入的顺序安排得怎样合理,无论语言练习设计得多么有意义、多么具
有交际价值,如果它们与学习者的动机因素不匹配,这些输入就几乎无法被
大脑吸收。图 2.1 形象地表示了这种情感过滤器的机制。

图 2.1　情感过滤器机制(**Krashen & Terrell,1998**)

根据情感过滤假设,那些学习动机不大的习得者屏障比较高,由于将很
多语言输入挡在过滤器外面,只有很少的输入能够到达语言习得机制。而
那些学习动机很高的习得者有很积极的学习态度,他们主动与本族人交流,
从而获得必要的语言输入,由于屏障开启,语言输入能到达语言习得机制而
被大脑吸收。Krashen 将这类态度或动机因素分为两大类(Krashen &

Terrell，1998），即融入型(integrative)动机与工具型(instrumental)动机。

- 融入型动机的特点是学习者对目标语的群体有着非常高的兴趣，希望通过学习目标语，融入目标语的社会。
- 工具型动机希望通过学习目标语达到实用性的目标。工具型动机能激励习得者与目标语本族人交流，从而能实现比较实际的目标。

Krashen 进一步指出，对于具有融入型动机的习得者来说，学习目标语本身就是有价值的。而对于具有工具型动机的习得者来说，学习目标语应该达到某种实际的目的。该目的一旦达到，语言的习得也就停止了。而且，他们只习得目标语中那些对于他们来说必需的方面，如初级水平一些简单的会话与句型。而高级水平中那些对于交流并不十分重要，而对社会文化水平来说比较重要的方面，如口音等，他们就没有兴趣去习得。

也就是说，如果二语习得者只具备工具型动机，那么他们只满足于能使用目标语交流，而不在乎他们的目标语是否带有外国口音。但是，随着国际化进程的不断推进，我们需要重新认识融入型动机的实际意义。Benson (1991)在对日本大学新生对待学习英语的动机进行调查研究后，对在外语环境中学习目标语的融入型动机概念做出了更加合理的解释。非目标语环境中的融入型动机可理解为期望自己成为双语人才，而同时又精通两种文化。也就是说，习得者除了自身的文化和语言以外，还期望获得另一种语言与文化。

对融入型动机新的解释完全符合中国的现状。而工具型动机的期望则是满足学校与大学的毕业要求，通过某些考试。因为有语言能力证书就能要求高薪，能读懂技术资料，或能得到更高的社会地位。有时候融入型动机与工具型动机也并非相互排斥。如果接近母语的英语或德语的发音是获得更高社会地位的要求之一，那么这时，融入型动机与工具型动机都非常高。Brown (2000)表明甚少有二语习得者会选择其中一种动机来学习外语，通常他们的学习动机是两者的融合。Brown 举了一个例子进行说明：一个住在美国的留学生，他学习英语的目的是用于学术，而他同时也期望和美国的人民与文化融为一体。

国内大部分英语学习者更多是受工具型动机驱使,他们期望得到能证明英语水平的证书,例如大学英语四、六级证书,从而能顺利毕业,或找到更好的工作。而大部分学习德语的学生除了具有工具型动机以外,还具备融入型动机。我们调查的德语习得者中有在德国的中国留学生、同济大学中德学院的学生、同济大学德语系的学生以及同济大学德语强化班的学者。这些学生有的已经生活在德语环境中,大部分则通过两三年强化德语学习之后,将赴德国继续深造或实习。他们不仅希望能通过学校的德语考试,更期望在德国学习与实习期间能够融入德国社会,待他们毕业后在德国公司工作时能成为双语专家和双文化使者。他们的融入型动机与工具型动机都非常强。

## 2.2　德语语音习得研究途径

如第1章中所述,二语语音习得现在较多采用实证的研究方法,通过设计录音的语料,选取受试者,分析录制的语音,从而量化实验结果,得出比较客观的结论。对于德语语音习得研究,我们也采用现今比较科学的研究途径,即建立口语语料库,通过研究德语中介语的声学参数,并通过跨语言的感知实验,来描述中国德语习得者语音语调偏误,同时试图通过视觉辅助听觉的方式和计算机辅助智能语音学习系统来对德语学习者的语音语调进行培训。

### 2.2.1　建立口语语料库

语料库可分为文本语料库与口语语料库,口语语料库又可分为发音人为本族语者的口语语料库与发音人为二语习得者的口语语料库。为了研究德语中介语语音特点,我们主要收集发音人为中国德语习得者的德语口语。语音标注的口语语料库最早用于语音合成与语音识别,现在也用于二语语音语调习得研究。我们不但需要保存发音的波形文件,而且至少还需进行两层标注,通常第一层标注每个德语单词的拼写,而第二层标注每个音的符号。如图2.2所示,德语句子"*Wie hast du das gemacht?*"(你是怎么做的?)的波形图显示在上方,第一层标注的是每个德语单词,这里把句首单词*wie*

大写的首字母还原成小写,这样便能与其他同样的单词 *wie* 保持　致。第二层使用 SAMPA 符号标注音素。为了使标注的口语语音库能够直接用于语音技术处理,语音标注采用计算机可读的 SAMPA 符号(Wells et al.,1992)。SAMPA 与国际音标 IPA 的关系可参照"德语音素 SAMPA 与 IPA 符号对照表(见表 3.1)。

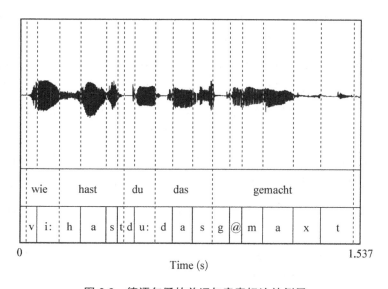

**图 2.2　德语句子的单词与音素标注的例子**

语音标注采用语音分析软件 Praat(Boersma & Weenink,2019)。当我们将每个音的边界时间点标出时,就意味着我们给定了每个音的起始时间与终止时间。这样语音分析软件便能计算出每个音、每个单词和每句话的时长。而且语音标注与波形图对应,每个音的语图特征与基频轨迹都可以得到量化分析。

由于我们要比较精确地分析语音信号的特征,对录音质量的要求比较高,一般在专业隔音的录音室,使用专业录音设备进行录制(虽然我们也可以在口试现场使用专业的录音设备录制口语对话,或在录音室内录制自然对话进行语音分析)。通过自由对话方式收集的口语语料比较真实,但是存在太多的非语言因素,很难从声学参数上加以分析。特别是德语习得者的普遍水平不是很高,自然对话中的支离破碎的句子和不连贯的单词频频出现,很难进行语音标注以及语音分析。于是,我们在本研究中主要收集朗读语料。虽然也收集了一些口试的对话,但是由于语音标注比较困难,我们只对朗读语料进行标注与分析。

### 2.2.2　基于语料库的语音语调偏误研究

为了研究德语习得者音段与超音段方面的偏误,我们从辅音、元音、语调、节律等不同角度有针对性地设计语料,选取受试者,进行专业录音,并分析中介语的声学特征。为了能从声学参数上判断受试者语音语调的偏误,几乎每项实验中,我们都收集了相应的德语本族发音人的口语语料作为参照。为了能判定声学参数上的差异是否会引起德语本族人听感上的外语口音,在多项实验中,我们邀请德国本族人对部分语料进行了听力评估。为了能研究习得者语音产出上的偏误是否与其感知上的偏误有关,在某些实验中,我们也加入了感知实验。总之,除了研究口语语料库中中介语语音语调的声学参数与德语本族语的偏差之外,我们还结合听力评估与感知实验,进一步将声学偏差与外国口音相结合,将习得者的语音产出与语音感知相结合。

收集口语语料库有两方面的用途:一是可以利用语料库研究中介语的语音语调;另一重要的用途是该语料库也能为语音识别提供训练语料,从而提高系统对中国学生口语评估的准确率。而比较可靠的口语评测系统又能嵌入智能化计算机辅助语音学习,为习得者提供让人信赖的反馈信息,从而进一步帮助中国德语习得者学习标准的语音语调。

## 2.3　德语语音习得解决方案

研究中国德语习得者中介语语音语调的重要目的之一是帮助习得者尽快掌握德语辅音和元音的发音及韵律,尽量减少中国口音,尽可能说出比较地道的德语口语。将语音技术与语言教育相结合能有效地促进二语语音的习得。

### 2.3.1　采用视觉辅助听觉技术

中国德语习得者对德语语音的听辨感知能力比较薄弱,一方面是受到汉语语言特点的影响,另一方面是受到德语语音习得者年龄因素的影响。首先,因为汉语是一种表意文字,我们习惯于较多地依赖视觉的汉字,而较少像使用拼音文字的德语本族人那样通过语音来区分不同的字词(Sproat,2008)。汉语对语音较少关注的特点造成中国学生在学习德语等拼音文字时,对使用语音区分词义重视不够。其次,即使德语习得者意识到德语语音语调的重要性,却也无法清晰地听辨有区别特征的音素。因为大部分德语习得者在大学时期开始学习德语,开始接触德语时的年龄已经超出语言的关键期(Scovel,1988)。

然而,现代二语理论证实,如果采用视觉辅助听觉的方式,成年人逐渐减退的外语辨音系统是可以得到恢复的(Bongaerts et al.,1997)。采用先进的语音技术手段,能将外语中听上去非常相似的语音语调通过共振峰的频率高低和带宽大小、基频曲线和音节时长展示出来。通过视觉对比和听觉比较,成年二语习得者渐渐能听辨出外语中相似的元音与辅音。通过不断练习,成年人便能逐渐摆脱自己的外语口音,近似地模仿母语发音人的语音语调,并有效地促进口语交际能力。

### 2.3.2　计算机辅助智能语音学习系统

由于近年来计算机技术的迅猛发展,智能化、有反馈的语音学习系统便应运而生。计算机辅助学习系统能为学生提供一个良好的外语互动学习环境,并能从准确度、流畅度、语速等多个维度评估学生的口语发音质量,准确反馈发音偏误,有针对性地辅助学生进行外语口语练习,从而有效地提升学生外语口语交际能力(Eskenazi,2009)。这对中国的德语习得者来说非常重要。德语本族老师在中国相对短缺,再加上大班上课,学习者往往缺乏训练口语能力的机会。而计算机辅助语音学习系统则为德语学习者提供了个性化的学习手段。一对一的人机对话方式使得学习者能够大胆地说出德语,不断地发现自己的错误,并进一步改进语音语调,从而有效地提高德语的口语能力。我们将利用已有的计算机辅助智能德语语音学习系统,结合我们对中国德语学习者语音语调偏误的考察,为设计适合中国学生的计算机辅助智能德语语音学习系统提供理论指导和数据支持。

## 2.4    结语

在本章中,我们首先从语言因素与非语言因素方面探讨了中国德语学习者有哪些比较显著的特点。我们发现大部分德语习得者已经过了学习语音的关键期,他们对一种新语言的语音听辨能力已经下降,年龄因素造成的语音感知辨析方面的困难将进一步影响习得者在德语语音产出方面的能力,使得德语习得者的语音语调会产生一定偏误。中国学习者的偏误有一定规律可循,通过建立德语习得者口语语料库,便能分析德语中介语语音语调的特征。另一方面,我们也发现大部分德语习得者的学习动机非常强,特别是很多学生的融入型动机很强,他们希望能说语音语调比较地道的德语,能成为拥有双语与双文化的现代人才。

针对德语习得者年龄比较大的特点,采用视觉辅助听觉的语音技术将是帮助德语习得者学习语音语调的最佳手段。鉴于大部分德语习得者的融入型学习动机较强,迫切希望能说一口流利的、语音语调比较纯正的德语,计算机辅助智能语音学习系统将会成为他们较为理想的语音学习工具。于是,我们在建立口语语料库、分析中介语的语音语调偏误之后,将初步探讨如何使用计算机辅助智能语音学习系统帮助学生有效地学习德语语音语调。

# 第 3 章
# 德语语音语调的特点

目标语与母语之间的差异会影响二语习得者目标语的语音语调。很多声学发音实验与感知实验研究表明,亚洲语言习得者学习英语时会遇到发音上的困难(Flege,1989)。但是还少有文献描述中国学生学习德语时语音上的问题。由于中国与德国在学术和经济上的交往日益频繁,越来越多的中国学生开始学习德语。我们希望了解德语的元音、辅音与语调有什么特点,它们与汉语都有哪些区别,以便能了解目标语与源语言的差异,从而有的放矢地学习目标语的语音语调。在描述德语语音系统之前,我们先简要介绍一下语音是怎样通过发音器官形成的,以及如何采用机器可读的 SAMPA 系统代替国际音标 IPA 系统表示德语中的元音与辅音。

## 3.1 语音形成与语音标注

德语发音时发音器官比汉语紧张很多,吐气也更加有力。学习德语首先需要通过语音关。同英文一样,德文是由 30 个字母(与英语相同的 26 个字母另加 3 个变元音字母 ä,ö,ü 和辅音字母 ß)组成的拼音文字。由于德语的发音规则比英语更为规范、严谨,因而只要熟练掌握发音规则,一般就能准确地读出单词的发音。

### 3.1.1 发音器官

语音是发音器官有目的、定型的机械运动的产物,是有意义的声音。发音器官可以分成三大部分:

（1）由肺与器官组成的呼吸器官供给发音所需的气流及发音的动力。

（2）喉头的声带由两条富有弹性的带状肌肉构成。声带可以随呼出气流振动而发出声音。声带振动，发出的为浊音；声带不震动，发出的为清音。

（3）咽、口、鼻组成共鸣器。其中口腔是最重要的共鸣器，而舌头是最主动、最灵活的发音器官。所有的元音和绝大部分辅音都是由舌头的位置和口腔的形状调制、加工而成。

如图 3.1 所示，通过发音器官相互间的协同作用，人能发出很多不同的语音。而这些语音通常分为元音与辅音。发元音时，气流通过口腔不受任何阻碍；发辅音时，气流通过口腔受到一定的阻碍。

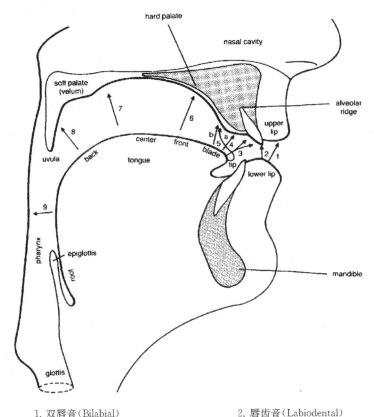

1. 双唇音（Bilabial）　　　　　　　　　　2. 唇齿音（Labiodental）
3. 齿与齿间音（Dental and interdental）　　4. 齿槽音（Alveolar）
5. 牙槽后音（Postalveolar）：（a）卷舌音（retroflex）（b）腭龈音（palato-alveolar）
6. 硬腭音（Palatal）　　　　　　　　　　7. 软腭音（Velar）
8. 小舌音（Uvular）　　　　　　　　　　9. 喉音（Pharyngeal）

**图 3.1　发音器官以及相关发音方式（Fallside & Woods, 1985）**

### 3.1.2　德语 SAMPA 符号

字母是最小的书写单位，也是表达语音的符号，音素是语音的基本单位。德语的字母和音素并不完全一致，有的字母代表一个音素；有的字母可以代表不同的音素。同一音素有时可用不同的字母来书写，人们一般使用国际音标（International Phonetic Alphabet，IPA）来精确地记录语音。我们在语音实验中则采用机器可读的 SAMPA（Speech Assessment Methods Phonetic Alphabet）音标代替国际音标表示音素。机读音标 SAMPA 是 1987～1989 年间欧洲信息技术研究开发战略计划（European Strategic Program on Research in Information Technology，ESPRIT）开发的一种计算机可读的音标系统。1995 年，SAMPA 进行了扩充，扩充后的 X-SAMPA 可以用 ASCII 字符表示国际音标的所有符号。这样，SAMPA 就成为一个在国际音标基础上发展起来的、用以表示世界上各种语言的机读音标系统。目前，SAMPA 已广泛应用于欧洲的主要语言。表 3.1 中列出了使用 SAMPA 表示的德语中所有的元音与辅音音素与单词例子，并给出与 SAMPA 相对应的 IPA 符号作为比较。

音素由元音和辅音组成，德语中有 44 个音素，其中 20 个是元音音素，24 个是辅音音素。由于表 3.1 中包括了几个常见的音位变体，音素符号总数多于 44 个。

## 3.2　德语元音

德语中有 7 个短元音、8 个长元音、3 个双元音、1 个非重读元音，共 19 个元音音素。通常还算上出现在元音之后元音化的字母 $r$，以及出现在音节首元音之前的喉音，共计 21 个元音音素。

- 7 个短元音：$I\ E\ a\ O\ U\ Y\ 9$
- 8 个长元音：$i:\ e:\ E:\ a:\ o:\ u:\ y:\ 2:$
- 3 个双元音：$aI\ aU\ OY$
- 非重读元音（schwa）：@
- 出现在元音后的元音化字母 $r$：6
- 出现在德语音节首元音之前的喉音：?

表 3.1　德语音素 SAMPA 与 IPA 符号对照表

| IPA | SAMPA | Word | Transcription | IPA | SAMPA | Word | Transcription |
|---|---|---|---|---|---|---|---|
| p | p | Pein | paIn | b | b | Bein | baIn |
| t | t | Teich | taIC | d | d | Deich | daIC |
| k | k | Kunst | kUnst | g | g | Gunst | gUnst |
| pf | pf | Pfahl | pfa:l | ts | ts | Zahl | tsa:l |
| tʃ | tS | deutsch | dOYtS | dʒ | dZ | Dschungel | "dZUN=l |
| f | f | fast | fast | v | v | was | vas |
| s | s | Tasse | "tas@ | z | z | Hase | "ha:z@ |
| ʃ | S | waschen | "vaS=n | ʒ | Z | Genie | Ze"ni: |
| ç | C | sicher | "zIC6 | j | j | Jahr | ja:6 |
| x | x | Buch | bu:x | h | h | Hand | hant |
| l | l | Leim | laIm | R | R | Reim | RaIm |
| m | m | mein | maIn | n | n | nein | naIn |
| ŋ | N | Ding | dIN | | | | |
| I | I | Sitz | zIts | ɛ | E | Gesetz | g@"zEts |
| a | a | Satz | zats | ɔ | O | Trotz | trOts |
| ʊ | U | Schutz | SUts | Y | Y | hübsch | hYpS |
| œ | 9 | plötzlich | "pl9tslIC | | | | |
| i: | i: | Lied | li:t | e: | e: | Beet | be:t |
| a: | a: | Tat | ta:t | o: | o: | rot | ro:t |
| u: | u: | Blut | blu:t | y: | y: | süß | zy:s |
| ø: | 2: | blöd | bl2:t | ɛ: | E: | spät | SpE:t |
| aI | aI | Eis | aIs | aʊ | aU | Haus | haUs |
| ɔY | OY | Kreuz | krOYts | | | | |
| ʔ | ? | Verein | fE6"?aIn | | | | |
| ə | @ | bitte | "bIt@ | | | | |
| ɐ | 6 | besser | "bEs6 | | | | |
| n̩ | =n | laufen | "laUf=n | | | | |

### 3.2.1 元音发音方式

德语中有长元音与短元音的对立，一共有 7 对长短对立的元音对。下面简要介绍一下德语中元音的发音方式。前面 7 对元音分别是长元音和与之相对应的短元音。

(1)/i:/-/I/：长元音/i:/发音时，唇齿微开，舌尖紧抵下门齿，嘴角尽量向后咧，与汉语的"咪"(*mi*)中的 *i* 相似。短元音/I/发音与长元音/i:/类似，但嘴张得大些，下颚略下垂。

(2)/e:/-/E/：长元音/e:/发音时，唇齿张开，舌尖轻抵下门齿，舌前部向软腭抬起。短元音/E/发音与长元音/e:/类似，但下颚略下垂。

(3)/a:/-/a/：长元音/a:/发音时，口张大，舌自然平放，舌尖抵下门齿。与汉语的"阿"(*a*)相当，但是开口更大。短元音/a/发音与长元音/a:/类似，但是发音较短促。

(4)/o:/-/O/：长元音/o:/发音时，双唇前伸撮成圆形，舌尖近下门齿，舌面向软腭抬起，与汉语"喔"(*uo*)中的 *o* 的近似，但发/o:/时双唇要圆，且更向前伸。短元音/O/与长元音类似，但双唇撮得没有那么圆，下颚略下垂。

(5)/u:/-/U/：长元音/u:/发音时，双唇前伸撮成圆形，比发长元音/o:/时更小，舌尖近下门齿，舌面向硬腭后部抬起，与汉语的"屋"(*u*)相似，但发/u:/时双唇要圆，更向前伸。短元音/U/与长元音类似，但下颚略下垂，舌面稍低。

(6)/y:/-/Y/：长元音/y:/发音时，舌位如发/i:/音，唇形如发/u:/音，即双唇前伸撮成圆形。与汉语的"淤"(*ü*)相似，但发/y:/音时，双唇要用力前伸撮成圆形，舌前部向前抬起。发短音/Y/时，舌位如发/I/音，唇形如发/U/音，即双唇前伸撮成圆形，但比发/y:/音时舌位稍低，下颚下垂。

(7)/2:/-/9/：长元音/2:/发音时，舌位如发/e:/音，唇形如发/o:/音，即双唇前伸撮成圆形。发短元音/9/时，舌位如发/E/，唇形如发/O/音，即双唇前伸撮成圆形。

(8)/E:/：长元音/E:/与短元音/E/发音类似，时长较长。

(9)/@/：发非重读元音/@/时，双唇微开，嘴角不往后咧，下颚自然下垂,舌面平放。与汉语"了"(*le*)中的 *e* 的相似。

(10) /aI/:先发/a/,紧接着发/I/。/a/要发得清楚,发得重些;/I/要发得轻些。/aI/的音长与单元音长元音相同,不能把/a/和/I/分开。

(11) /aU/:先发/a/,紧接着发/U/。/a/要发得清楚,发得重些;/U/要发得轻些。/aU/的音长与单元音长元音相同,不能把/a/和/U/分开。

(12) /OY/:先发/O/,紧接着发/Y/。/O/要发得清楚,发得重些;/Y/要发得轻些。/OY/的音长与单元音长元音相同,不能把/O/和/Y/分开。

(13) /6/:当字母 *r* 出现在元音之后,与/@/融合。如单词 *besser*(更好)发成/bEs6/。

(14) /?/:表示喉音符号,一般在元音开始前出现。

顾名思义,长音和短音的区别在于音长不同,但更重要的是发音时肌肉的紧张程度不同,发音位置的不同,也就是元音的音质不同。发长元音时,舌头的肌肉处于拉紧的状态;发短元音时,舌头的肌肉处于相对松弛的状态。

### 3.2.2　元音声学分析

我们邀请德国电台的专业播音员录制了语音学习的口语语料。学习长短音时,我们尽量选取最小对立体的有意义的单词,也就是单词中除了长元音与短元音的区别之外,其他音素全部相同。如果词典中找不到最小对立体的单词,我们便选取两个音节结构比较相似的单词。如果是名词,我们会加上相应的定冠词进行录音。分析时,我们只截取该单词的部分进行比较。图 3.2 至图 3.8 显示的是 7 对德语长元音与短元音的波形、语图与标注的比较。

不难看出,几乎所有的长元音的时长都比短元音的时长要长,而且长短元音的共振峰数值也不一样。若是前元音,如/i:/-/I/对立中,长元音的第二共振峰数值更大(参见图 3.2)。若是后元音,如/u:/-/U/对立中,长元音的第二共振峰数值更小(参见图 3.6)。总之,我们如果将元音的第一、第二共振峰的数值绘成元音图,那么长元音的位置在元音图的外围,短元音的位置相对比较趋中,这一点我们将在第 4 章进行进一步讨论。我们一般通过比较元音共振峰的数值,特别是第一、第二共振峰的数值,便能比较元音的音质,并能大致推测元音的发音位置。

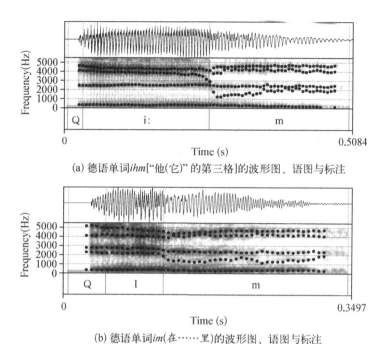

(a) 德语单词*ihm*["他(它)" 的第三格]的波形图、语图与标注

(b) 德语单词*im*(在……里)的波形图、语图与标注

**图 3.2　德语最小对立体/i:/-/I/的波形图、语图和标注**

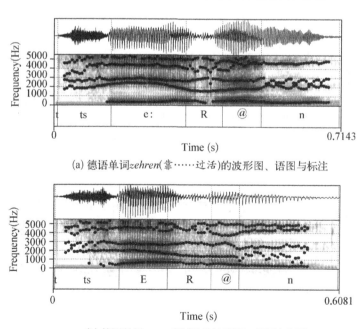

(a) 德语单词*zehren*(靠……过活)的波形图、语图与标注

(b) 德语单词*zerren*(硬拉)的波形图、语图与标注

**图 3.3　德语最小对立体/e:/-/E/的波形图、语图和标注**

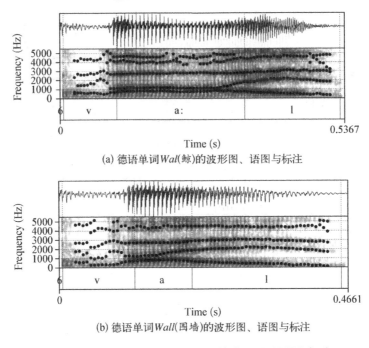

(a) 德语单词*Wal*(鲸)的波形图、语图与标注

(b) 德语单词*Wall*(围墙)的波形图、语图与标注

图 3.4　德语最小对立体/a:/-/a/的波形图、语图和标注

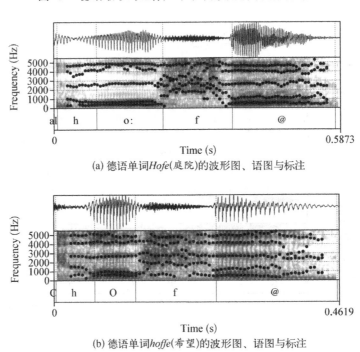

(a) 德语单词*Hofe*(庭院)的波形图、语图与标注

(b) 德语单词*hoffe*(希望)的波形图、语图与标注

图 3.5　德语最小对立体/o:/-/O/的波形图、语图和标注

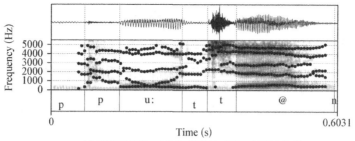

(a) 德语单词 *Pute*(雄火鸡)的波形图、语图与标注

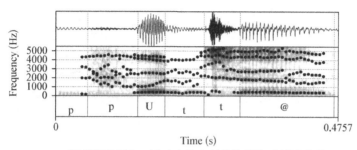

(b) 德语单词 *Putte*(少女衣服尺寸)的波形图、语图与标注

图 3.6　德语最小对立体/u:/-/U/的波形图、语图和标注

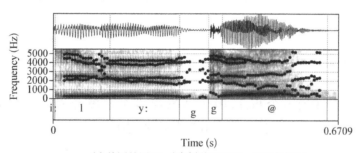

(a) 德语单词 *Lüge*(谎言)的波形图、语图与标注

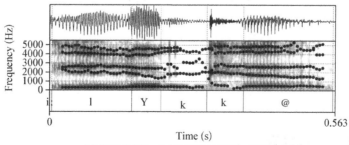

(b) 德语单词 *Lücke*(空隙)的波形图、语图与标注

图 3.7　德语最小对立体/y:/-/Y/的波形图、语图和标注

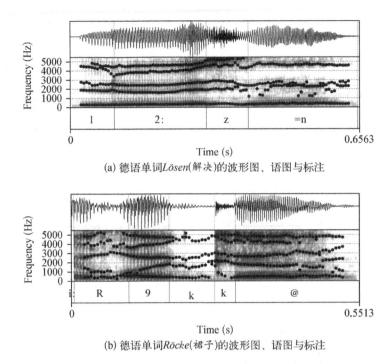

(a) 德语单词*Lösen*(解决)的波形图、语图与标注

(b) 德语单词*Röcke*(裙子)的波形图、语图与标注

**图 3.8   德语最小对立体/2:/-/9/的波形图、语图和标注**

## 3.3   德语辅音

德语辅音中有 6 个塞音、10 个摩擦音、3 个塞擦音和 5 个响音,一共是 24 个辅音,还有一个塞擦音 *dZ* 出现在外来词中。

- 6 个塞音:*p b t d k g*,其中有 3 对清浊对立。
- 10 个摩擦音:*f v s z S Z C j x h*,其中 4 对清浊对立。
- 3 个塞擦音是德语本身的:*pf ts tS*,还有一个塞擦音 *dZ* 常出现在外来词中,德语中也可以用 *tS* 来替换。
- 5 个响音当中,有 3 个鼻音:*m n N*,以及两个流音:*l R*。

### 3.3.1   辅音发音方式

德语中辅音有清浊对立,一共有 8 对清浊对立的辅音对。下面简要介绍一下德语中辅音的发音方式,前面 8 对辅音分别是清辅音和与之相对应的浊辅音。

(1)/p/-/b/:发清辅音/p/时,双唇紧闭,舌尖抵下门齿。舌面平放,用力送气冲开阻塞,声带不震动。与汉语"趴"(*pa*)中的声母 *p* 类似。发浊辅音/b/时,与/p/相似,但是双唇较松弛,送气冲开阻塞较弱。与汉语"波"(*bo*)中的声母 *b* 类似,但声带要震动,送气较弱。

(2)/t/-/d/:发清辅音/t/时,唇齿微开,舌尖紧抵上门齿,和上齿龈构成阻塞,用力送气冲开阻塞,声带不震动。与汉语"他"(*ta*)中的声母 *t* 类似。发浊辅音/d/时,与/t/相似,但阻塞和送气均较弱。与汉语的"的"(*de*)中的声母 *d* 类似,但声带要震动,送气较弱。

(3)/k/-/g/:发清辅音/k/时,唇齿微开,舌尖抵下门齿。软腭抬起形成阻塞,用力送气冲开阻塞,声带不震动。与汉语"咖"(*ka*)中的声母 *k* 类似。发浊辅音/g/时,与/k/相似,但阻塞和送气均较弱。与汉语"歌"(*ge*)中的声母 *g* 类似,但声带要震动,送气较弱。

(4)/f/-/v/:发清辅音/f/时,下唇轻贴上门齿边缘,送气通过唇齿中间的缝隙发生摩擦,声带不振动。与汉语的"发"(*fa*)中的声母 *f* 类似,但送气较强。发浊辅音/v/时,与/f/相似,但送气均较弱,发音时没有那样紧张。

(5)/s/-/z/:发清辅音/s/时,双唇略启,上下齿稍微离开,舌尖轻抵下门齿,用力送气。通过前舌和上下门齿之间的缝隙产生摩擦,声带不振动。与汉语的"萨"(*sa*)中的声母 *s* 类似,但送气较强。发浊辅音/z/时,与/s/相似,但送气较弱,声带振动。

(6)/S/-/Z/:发清辅音/S/时,双唇略向前伸出,稍微撮拢,上下齿微开,舌尖向上齿龈抬起,但不碰到。通过舌尖、上颚与门齿及前伸的双唇之间的缝隙用力送气。与汉语的"沙"(*sha*)中的声母 *sh* 类似,但舌尖位置较前,送气较强。发浊辅音/Z/时,与/S/相似,但发音时不很紧张,声带振动。

(7)/C/-/j/:发清辅音/C/时,唇齿微开,嘴角略向后咧,舌尖向下接近下门齿,前舌向硬腭抬起,送气舌面与硬腭之间的缝隙发生摩擦,声带不振动。与汉语的"西"(*xi*)中的声母 *x* 类似,但嘴张得大些,且嘴角微向后咧,舌尖向下,稍稍离开下门齿。发浊辅音/j/时,与/C/相似,但送气略轻,声带振动。

(8)/tS/-/dZ/:发清辅音/tS/,先发/t/音,紧接着发/S/音。发/t/时送气轻,发/S/时送气强。不能把/t/与/S/分开发音。发浊辅音/dZ/时,先发/d/音,紧接着发/Z/音。发/d/时送气轻,发/Z/时送气强。不能把/d/与/Z/分开发音。

(9)/ts/:清辅音。先发/t/音,紧接着发/s/音。发/t/时送气轻,发/s/时送气强。不能把/t/与/S/分开发音。

(10)/pf/:复合音。先发/p/音,紧接着发/f/音。发/p/时送气轻,发/f/时送气强。

(11)/h/:清辅音。舌尖轻触下门齿,唇齿微开,呼出气流,声带不振动,发出轻微的哈气声,但不在口腔后部形成摩擦。与汉语"哈"(ha)中的声母 h 不同,发汉语中的 h 时有摩擦音。

(12)/x/:清辅音。唇齿微开,舌尖抵下门齿,后舌向软腭抬起,送气通过舌面与软腭之间的缝隙产生摩擦,声带不振动。与汉语"喝"(he)中的声母 h 相似,但摩擦更强。

(13)/m/:浊辅音。双唇轻合,舌尖近下门齿,舌面自然平展,软腭下垂,送气通过鼻腔,声带振动。与汉语"麻"(ma)中的声母 m 相似,但送气要强,不可弱化。

(14)/n/:浊辅音。唇齿微开,舌尖贴上门齿,软腭下垂,送气通过鼻腔,声带振动。与汉语"娜"(na)中的声母 n 相似,但送气要强,不可弱化。

(15)/N/:浊辅音。唇齿微开,舌尖近下门齿,舌面抬起贴住硬腭,软腭下垂。送气通过鼻腔,声带振动。与汉语"肮"(ang)中的 ng 相似。

(16)/l/:浊辅音。唇齿微开,下颚略垂,舌尖抵上齿龈。送气通过舌的两侧和臼齿之间的缝隙,声带振动。与汉语"拉"(la)中的声母 l 相似,但舌面要微向前抬起。

(17)/R/:浊辅音。小舌颤音,唇齿张开,下颚略垂,舌尖抵下门齿,舌面后部抬起,小舌自然下垂,送气使小舌颤动,并振动声带。

德语中的浊辅音比汉语多,而且发浊辅音时,声带振动得更充分。德语辅音中有清浊音的对立现象,汉语普通话中则没有这个对立区别。

### 3.3.2  辅音声学分析

通过语音声学分析,我们可以清楚地观察到辅音的清浊对立。如图 3.9

所示,单词 *Fliesen*(铺石板)与 *fließen*(流动)形成最小对立体,其中 *Fliesen* 中的浊音/z/与 *fließen* 中的浊音/s/是唯一有区别的音素。浊音 /z/的噪音横条(voice bar)非常清晰,这是声带振动的浊音辐射到空气中在 语图上的表现,清音/s/则没有噪音横条。清音/s/的能量主要集中在高 频区。

辅音的其他特征也可以通过声学分析加以描述。有些辅音,比如塞音, 其爆破时间非常短暂。有时辅音的特征不能完全从辅音本身的参数体现出 来,却可以通过对相邻元音的影响,动态地呈现出来。总之,通过声学分析, 我们能对辅音的主要特征进行描述,判断辅音间的相同点与不同点。

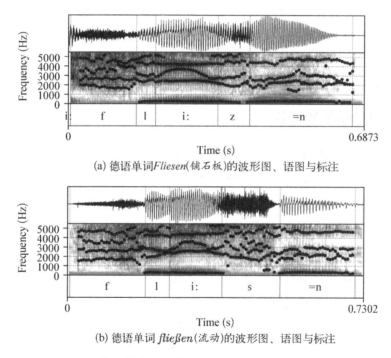

(a) 德语单词*Fliesen*(铺石板)的波形图、语图与标注

(b) 德语单词*fließen*(流动)的波形图、语图与标注

图 3.9　德语最小对立体/z/-/s/的波形图、语图和标注

## 3.4　德语语调

要能说比较地道的外语,除了需要将句子中的辅音、元音以及各音素之 间的协同发音掌握好,还需要学会句子的语调。同一个句子,用不同的语调

朗读往往可以表示不同的意思。语句的重音和升降都决定语调是否正确。

### 3.4.1  句子的重音

多音节的单词中有的音节会比其他音节读得响亮,此音节通常被称作重读音节(stressed syllable)。德语单词中的重音没有特定的位置,但是在词典中有重音标注。而在一个短句子中,我们也能感知到有些单词比较被强调,这些被强调的单词便是句子的重音,一般称为音高重音(pitch accent)。语句的重音也是有一定规律的。一般需要重读的词有名词、形容词、副词、动词等;通常不需要重读的词有冠词、人称代词、连接词、介词等。语句的重音不仅取决于句子的逻辑意义,有时也取决于说话人表达的意图。说话人考虑到具体的环境也可以强调某一内容,以引起重视,避免误会。因此,一般不重读的词也因语境的需要,可能重读。而语句重音位置的改变会使句子的含义也有所不同。

### 3.4.2  句子的停顿

我们说话或朗读时,不是以单个音节或单个词汇为节奏单位,而是以意群为单位。一些关系密切的词组成意群,意群间可以稍加停顿或换气。最大的间歇相当于句号、冒号、分号,停顿时间较长,通常需要换气;较大的间歇一般出现在逗号后面,停顿时间较短,也可以换气;最小的间歇出现在句内没有标点的节奏组之间,停顿时间最短,不换气,说话快时也可以不停顿。

一个个语意群不断重复出现,便形成不同语言独特的节律。节奏组之间的停顿不只是说话时的呼吸需要,也是为了清楚地表达思想。如果说话或朗读时错误地划分节奏组,那么不但听上去语调不够地道,甚至会带来理解上的问题。节奏组的划分一般遵照一定的语义、语法与节奏的规律。

### 3.4.3  句子的音调

说话或朗读句子时,有时音调会上升,有时会下降,这便是句调的变化。句调也影响到句子要表达的意思。同一个句子,用不同的句调朗读,就会传达不同的感觉。所表达的内容是已经结束或是延续下去,也可以通过音调表示出来。

德语的句调一般有三种类型,即降调、升调和平调。不同类型的句子,句调也往往不同。从句子音高走势来看,德语的句子主要有以下几种类型。

1) 陈述句

陈述句的句末用降调,即音调从句首开始逐渐上升,到核心意义的重读音节就开始下降。音高从最后一个重读音节起就开始下降,句末的音调比句子开始时的更低。在多成分的复合句中,除了最后一个句段末尾下降外,通常中间句段末尾的音调不能下降,有时还需稍稍抬高。

2) 祈使句

表示请求、希望或命令的祈使句通常句末也用降调。陈述句语调进展平和,而祈使句则较为有力。

3) 特殊疑问句

特殊疑问句即带疑问词的问句,疑问词是重音所在,也是音调最高的地方,通常音调在句末降为低调。特殊疑问句有时也用升调结尾,这样语气显得比较客气。

4) 一般疑问句

不带疑问词的问句也称待决问句,句末的音调要上升。一般疑问句也有用降调的结尾,这时语气就显得比较严厉。

5) 双重疑问句

双重疑问句第一部分用升调结尾,第二部分则用降调结尾。

6) 感叹句

一般说来,感叹句与陈述句相似,句子结尾用降调。但是因感叹句带有浓厚的感情色彩,表达时往往可以用不同的音调。因此,感叹句的句调没有一定的规则。

7) 插入句

对语句中的插入成分,说话或朗读时一般用平调,这时语音通常弱而低,但速度较快,听上去比较单调。插入句之后,语句恢复原先的节奏速度。但语句的音高和音强在最末一个句段里才得到恢复。

### 3.4.4　语调的标注

要研究句子的语调,首先要对句子的语调进行标注,也就是将句子划分成若干小的意群短语,确定每个短语的音高重音(pitch accent)、音调类型以及停顿方式。国际上比较多地采用 ToBI(Tone and Break Indices)标注语调。ToBI 标注方式是基于 Pierrehumbert(1980)的语调模型提出的。因为 ToBI 标注对很多声学的细节有比较抽象的总结,并注重音系层面的韵律标注,因此目前在韵律研究中得到广泛的应用。很多学者将 ToBI 与各自不同语言的韵律系统结合,创立了不同语言的 ToBI 系统。如荷兰语的 ToBI(Gussenhoven et al.,2003)、德语的 ToBI(Grice & Benzmüller,1995)、日语的 ToBI(Venditti,2005)、韩语的 ToBI(Jun,2005)等等。本来用于美国英语韵律标注系统的 ToBI 现在已经应用于很多其他语言。在《韵律类型:语调与短语的音系研究》(*Prosodic Typology: The Phonology of Intonation and Phrasing*)这本书中详细介绍了各种不同语言的 ToBI 系统。

GToBI(German-ToBI)代表适用于标注标准德语韵律的 ToBI 系统。GToBI 系统中包括两个单调的音高重音(monotonal pitch accent)与四个双调的音高重音(bitonal pitch accent)(Grice,Reyelt,et al.,1996;Baumann,Grice,et al.,2000),其详细说明请见表 3.2。还有一些边界调(edge tone),如处在小(中间)短语之间的"L-或 H-"边界调,以及处在大(语调)短语之间的"L% 或 H%"边界调(Baumann,Grice,et al.,2000)。

表 3.2  德语 ToBI(GToBI)基本的音高重音表

| H* | 峰重音(peak accent) |
|---|---|
| L* | 低重音(low accent) |
| L+H* | 升峰重音(valley accent plus rise) |
| L*+H | 勺重音(rise from low up to peak accent)<br>高峰出现在重音的音节或在其后(peak on or just after the accented syllable) |
| H+L* | 降阶低重音(step-down from high to low accent)<br>低谷出现在说话者最低或接近最近的音高(valley clearly at or near bottom of speaker's range) |
| H+!H | 降阶峰重音(step-down from high to mid accent)<br>!H* 的标度与!H 调一致(scaling of !H* same as other !H tones) |

### 3.4.5　语调的声学分析

语调通过句子中语音高低、快慢、轻重的变化表现出来，而在声学上语调则是通过基频、时长与振幅这些参数的变化来分析的。

陈述句的句调下降也同样可以通过句子音高的走势清晰展现。比如德语的谚语 *Gelegenheit macht Diebe.*（机会造就犯罪，也可引申为"慢藏诲盗，冶容诲淫"）。谚语通常以陈述句的语调读出。如图 3.10 所示，图中表示音高的基频先上升至句重音处 *Gelegenheit*（机会），然后下降。

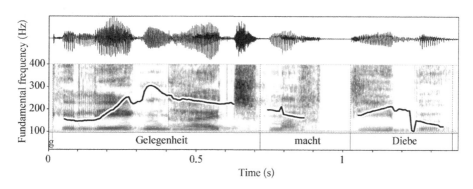

图 3.10　德语陈述句（*Gelegenheit macht Diebe.*，机会造就犯罪。）的
波形图、语图、基频曲拱和单词标注（由专业发音人朗读）

而在一般疑问句中句调上升，基频在句尾呈上升趋势。通过分析简单疑问句 *Kommst du mit ins Kino?*（你跟我一起去看电影吗？），可以从图 3.11 中的基频走势观察到，表示音高的基频在句末上升。

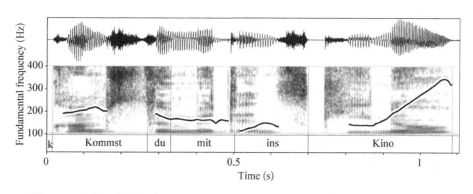

图 3.11　德语一般疑问句（*Kommst du mit ins Kino?* 你跟我一起去看电影吗？）的
波形图、语图、基频曲拱和单词标注（由专业发音人朗读）

## 3.5　结语

虽然人们使用同一发音器官说不同的语言,但是由于不同的语言中的元音与辅音不同,音素的组合也不同。人们一般习惯了母语的发音方式,所以当人们学习一门新的语言时,发音的方式也会出现偏差。偏差可以分为音段偏差与超音段的偏差,前者通常包括元音和辅音发音的偏误,后者主要指语调和节律方面的偏误。

中国学生学习德语的语音偏误也可以从德语的元音、辅音、语调和节律方面去探寻,下面我们简要归纳一下德语与汉语在以上四个方面的区别。

- 元音。元音是开口的音,其发音是由口张开的形式和程度决定的。汉语元音发音时唇形自然、松弛;德语元音除央元音/@/以外,口腔运动的幅度均比汉语大。所以中国人要学好德语元音就必须首先做到口型到位。开口的形式或程度不对,舌位即随之变化,就不能发出正确的元音。其次,德语的元音有长短之分,长短音的区别虽然表现在音程的长短不一,但更重要的是发音时开口度不同,音质不一样。汉语的元音发音没有长短对立现象,准确发好长短音是中国人学好德语语音的关键之一。不掌握好德语长短音的区别,就会在交际中造成这样或那样的困难,因为长短音是区别词义的重要手段之一。
- 辅音。德语中有很多辅音连读的现象,这在汉语普通话中很少出现。若能将辅音连缀的发音掌握好,将会有效提高德语口语水平。其次,德语辅音中有清浊对立的现象,这也是汉语普通话中所没有的。德语辅音中的浊辅音比汉语中的多,且声带较汉语浊音振动得充分;学习德语辅音时,要做到发浊辅音时声带振动充分,发清音时吐气有力。此外发爆破音、摩擦音、鼻音时都必须清晰、分明。
- 语调。德语句子的语调有语言学的意义,不同的句型使用不同类型的句调表示。而汉语更注重字调准确,对德语句调的表达方式重视不够。

● 节律。德语句子中的音节有轻有重,轻重交替形成了德语句子特有的节律。而汉语中每个字都有声调,虽然在连续语言中,字的声调与句子的语调相融合,有的音节被强化,有的被弱化,但是强弱对比不如德语中明显,而且强弱交替的方式与德语也不相同。

在接下来的几章中,我们将对中国德语学习者在元音、辅音、语调和节律方面的偏误进行考察与分析。

# 第 4 章

# 中国学生德语音段偏误

　　音段发音偏误主要包括元音和辅音的发音偏误。中国学生学习德语时，除了对汉语中不存在的元音、辅音以及音素组合的发音位置和发音方式很难准确掌握以外，比较典型的偏误主要出现在德语中的短元音和音节尾辅音的发音，德语元音后/l/的发音差异也比较明显，本章将通过语音实验对这 3 个方面的偏误进行考察。

## 4.1　德语长短元音发音实验

### 4.1.1　元音的声学空间

　　大部分元音系统的发音一般用 3 个基本参数来表示。即舌位的高低、舌位的前后和是否圆唇。Jones（1956）描述的众所周知的基本元音（cardinal vowels）系统也是用这 3 个参数确定元音的发音位置。而在声学空间中有各种不同的方式来描述元音发音的舌位。其中描述元音发音位置与声学空间相对应的参数关系中最为人们所知的便是由 Stevens 和 House（1955）以及 Fant（1970）所做的实验研究。他们指出，从声学角度来看，元音最重要的发音特征便是声道中有最大摩擦点的位置和声道在那点处的横截面面积。Fant（1970）通过一个元音产出 3 个参数的模型清晰地表现出了随着声道形状的变化，产出不同元音的情况。并观察到随着不同元音的产出，第一、第二共振峰重要的变化。从那以后，第一、第二共振峰被认作区分元音发音位置的重要声学参数。在本章，我们也使用第一、第二共振峰这一传统的方式来描述元音性质的不同。

　　由 Fant（1970）提出的声道发音通道模型（articulatory tube model）与

声学信号之间的关系是很多有关语言研究方面的重要理论依据。Stevens（1972；1989）提出的语音产出量子理论（quantal theory of speech production）就是以此模型为基础的，非常有影响力。语音量子理论认为世界上所有的语言都倾向于使用发音部位比较稳定的位置，这是因为说话人在发音时，不需要非常精确地确定发音部位，从而有效地减少能耗。使用列线图（nomograms）能表现出产出元音的窄缩位置坐标值（constriction coordinate）时共振的变化，以及与此相联系的前后腔的长度。分析列线图可以得出这样的结论，即/i/、/a/、/u/3 个元音满足稳定的要求，这 3 个元音通常被称作"量子元音"（quantal vowels）。很多语音学家与音系学家对跨语言领域进行探索，也证实了在世界大部分语言中量子元音确实是出现最多的元音（Maddieson，1984）。量子理论是在发声系统与声学空间相匹配的基础上提出的，它指出这样一个事实，即人们往往倾向于使用语音系统中最省力便能成功进行口语交流的音位。量子理论是以发音人为中心提出的，而与之相对应的适应性分散理论（Adaptive Dispersion Theory）则是以听者为中心提出的。该理论认为一种语言的语音系统中的音位应该便于听者感知与区分。适应性分散理论从另一个角度解释了很多世界语言中倾向于使用量子元音的缘由。因为声学空间与感知空间有一定的相关性，感知空间中彼此相距很远的元音容易被辨认，那么在声学空间中彼此距离较远的元音也通常成为语音系统中的主要元音。汉语的语音系统便符合这项要求。

### 4.1.2　声学空间的元音图

汉语的语音系统中有 6 个基本元音。这些元音在音系系统中的口腔开口度、舌位高低前后位置以及圆唇的程度各有不同。图 4.1（a）中显示的是由一位专业女播音员发声的 6 个元音在声学空间中的位置，元音的横坐标为 F1，纵坐标为 F2，元音的音标由拼音表示。

德语元音语音系统与汉语元音系统完全不同，德语中的元音数目比较多。图 4.1（b）中显示了 9 个元音的位置。元音的共振峰值源于德语文献（Ramers，1998），这里的元音符号由 SAMPA（Wells et al.，1992）表示。所有的长元音用实线连接，所有的短元音用虚线连接。

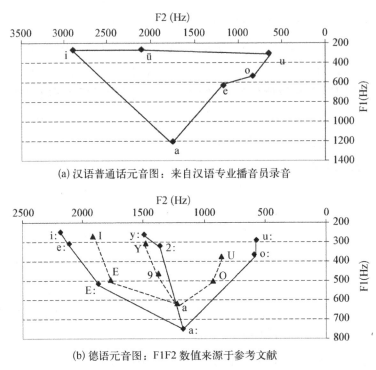

(a) 汉语普通话元音图：来自汉语专业播音员录音

(b) 德语元音图：F1F2 数值来源于参考文献

**图 4.1　汉语普通话元音图与德语元音图比较**

比较一下汉语与德语的元音图,我们不难发现,德语元音图中的中间部分也分布有几个元音,而汉语元音图的中间三角部分基本空缺。汉语中的6个元音占据着元音图中最外围的空间,这些元音对于说话者来说发音比较省力,对于听者来说感知也易于区分。因此汉语中的元音既符合量子理论,也符合适应性分散理论。然而汉语语音图上的空白部分在德语语音图上却分布有几个央元音,于是我们便产生这样的疑问:中国学生学习德语时,对于这些汉语中没有的央元音的发音会遇到困难吗?况且根据量子理论,这些央元音的位置不如外围量子元音那么稳定,如果发音位置稍有偏移,元音的性质便有所改变。另一个令人担忧的问题便是:中国德语习得者能区分出德语中的长短元音吗?汉语元音系统中没有长元音与短元音的对立,而长短对立却是德语元音系统中的一项重要特征。

### 4.1.3　实验方法

为了找到以上问题的答案,我们必须设计语料,寻找中国受试者,收集口语语料,然后还需要寻找德国本族人进行听力评估。下面将对这些实验方法进行详细描述。

### 4.1.3.1　朗读语料

如果将这些元音以单个音位的方式或嵌入没有意义的负载词当中呈现给中国受试者,那么发音人很难自然地发出这些音,或者根本不知道该发什么音,因为这些受试者不是语音学专家,不会识别国际音标,也不知道臆造的单词中的元音该怎样读。因此我们将这些元音嵌入有意义的、常用的单词当中。我们选择了 20 个简单的单词,嵌入了所有的德语元音。表 4.1 列出了这 20 个目标元音及负载单词。

**表 4.1　德语目标元音与负载单词列表**

| 元音 | I | E | a | O | U | Y | 9 |
|------|------|--------|------|-------|--------|-------|----------|
| 单词 | Sitz | Gesetz | Satz | Trotz | Schutz | hüsch | plötzlich |
| 元音 | i: | e: | E: | a: | o: | u: | y: |
| 单词 | Lied | Beet | spät | Tat | rot | Blut | süß |
| 元音 | 2: | aI | aU | OY | @ | 6 | |
| 单词 | blöd | Eis | Haus | Kreuz | bitte | besser | |

### 4.1.3.2　受试者

我们当时正在德国为汉语语音合成系统寻找专业发音人,因此有很多发音比较专业的中国人来我们实验室进行录音测试。为了保证受试者的普通话比较标准,我们从录制语音合成系统声学库的候选人当中挑选了 10 位具有高级德语水平的受试者。因此参加该项实验的受试者普通话比较标准,德语水平也很高。由于我们当时语音合成系统的发音人要找一位女性,因此从发音候选人中选出的 10 位受试者也全是女性。为了调查是否有性别差异,我们也邀请了一位男性受试者参加试验,这位男性受试者也具有高级德语水平,能说比较标准的普通话。所有 11 位受试者都在德国读书或工作,有的已经在德国生活了很多年。但是他们都是在 18 岁以后才来德国的,即使在德国生活了很多年,他们的德语发音还是带有中国口音。另外,为了方便比较,我们还邀请了一位德国本族受试者参加发音实验。

### 4.1.3.3    语料录制

录音在无回声的专业录音室内进行,使用高质量的录音设备,并带有防喷(pop protection)装置。采用 32 千赫采样率、16 比特采样精度的数码录音,录音数据储存于工作站的数据库。一位德国语音学家和笔者同时监控发音和录音质量,如果发音人朗读错误,便给予提示,并进行重录。

### 4.1.3.4    发音评估

为了能得到比较专业的评估,我们邀请了 10 位德语本族人来评估中国受试者元音发音情况。我们向这 10 位评估人强调,他们的重点是听单词中的元音,并将这些元音与德国电台广播中的标准发音进行比较,以判断这些元音的发音质量。因为负载单词大都包含容易念的单辅音,这些具有高级德语水平的中国受试者在这几个辅音发音方面没有什么问题,听力评估人便能将精力集中在元音发音方面。评估评测中有 12 位发音人(包括 10 位中国女性受试者、1 位中国男性受试者和 1 位德国女性发音人),每人朗读 20 个单词,一共有 240 个单词。这些具有德语高级水平的受试者朗读的德语单词不存在听不懂或与别的单词混淆的问题。他们的问题是这些元音发得不如德国人标准,换句话说,带有中国口音。因此我们没有必要进行单词辨识实验,即给出两个单词,让评估人判断发音人读的是哪个单词的辨识测试。我们只需让评估人对听到的每个元音给出一个平均意见分(mean opinion scores, MOS)。所有的元音以及负载单词都提供给评估者,评估者听完每个单词后给出该元音的分数。如果评估者不是很确信,还可以自动回放,重复听辨。评估前先向每位听辨者说明评分标准:5 分表示该元音发音标准,如同电台播音员,1 分表示最差,难以接受。并让每位评估人听一些 1 分到 5 分的例子,熟悉评分标准。

## 4.1.4    实验结果

本节将介绍发音评估结果以及声学分析统计结果,对听力评估的反馈意见也将进行分析和比较。分析的目的是找出那些会影响元音发音的声学参数。动态的共振峰和时长通常被认为是影响元音发音的重要参数,因此这两项参数也是我们关注的焦点。

### 4.1.4.1　对受试者的评估

如图 4.2 所示,横坐标"发音人"上的阿拉伯数字表示发音人的标号,纵坐标 MOS 表示该发音人所获得的元音总体评分,5 分为满分。从图中可以看出,这些具有德语高级水平的中国人仍然被认为带有外国口音,或发音离评估人认为的标准德语还有距离。

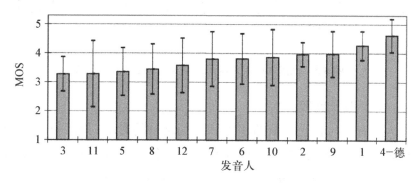

图 4.2　德国本族人对中国发音人的评估结果

在所有的发音人中,标号为"4-德"的发音人是一位德国本族人,她也未能达到评估人心目中标准德语的发音,她的 MOS 得分为 4.62。而中国发音人的 MOS 得分从 3.27 到 4.27 不等。得分最高的中国受试者离德国本族人还有一些差距。其中那位男性发音人的得分最低,中国口音最浓。我们可以得出这样的结论:总的说来,具有高级德语水平的中国学习者对德语元音的发音掌握得不错,但是与德国本族人还有一些差距。

### 4.1.4.2　对元音的评估

我们除了对单个受试者的发音感兴趣以外,对各个元音的发音也非常感兴趣。对该实验中国受试者德语元音的评估结果如图 4.3 所示。

从图中不难看出,一些双元音(/aI/、/aU/)、大部分长元音(/u:/、/i:/、/e:/、/y:/、/a:/、/E:/)和两个非重读央元音(/@/、/6/)的得分比短元音(/O/、/U/、/I/、/Y/、/E/、/a/)和长元音(/2:/)要高。这个结果可以从汉语与德语元音图的对比中推断出来。德语中的短元音与变音/2:/在汉语语音系统中不存在,因此中国受试者很难找准这些元音的发音部位。

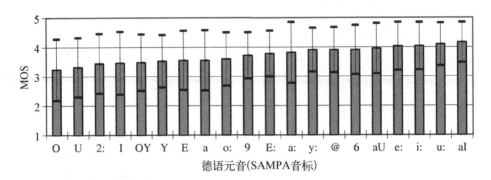

图 4.3　德国本族人对中国发音人元音发音评估结果

### 4.1.4.3　时长比较

因为元音的时长受话语的速度和单词结构的影响,我们很难比较元音的绝对时长。因为我们的实验中还包括一位德语本族发音人,她阅读的单词与中国受试者相同,这样就控制了单词结构对时长的影响。如果每位测试者朗读的速度不一样,至少可以对比长音与短音相对的时长比率。于是我们对实验中所有受试者德语元音中的 7 对最小对立体(minimal pair)的时长做了一个比较,统计结果见图 4.4(a)。为了方便比较,参加实验的德国本族人的数据也在图 4.4(b)中做了统计。

已出版的德语文献说明(Ramers,1998),元音的长短对立是德语元音系统中非常重要的一项参数。长元音通常称为紧(tense)元音,短元音通常称为松(lax)元音。德语中长元音与短元音的时长比例一般为 2∶1,即长元音的时长往往是短元音时长的两倍。在图 4.4(b)中我们不难看出该实验中的德国本族语发音人元音时长的对立符合这个标准。因为该德国发音人在录音朗读时速度比较慢,有些长元音拉得比较长,有些对立组,如/y:/和/Y/,/2:/和/9/的比率大于 2∶1。中国受试者的长短比率可以从图 4.4(a)中读出,前 4 对的比率亦符合 2∶1 的标准,但是第 5 对的比率就没有达到 2∶1。然而,最后两组元音,即/a/和/a:/,/O/和/o:/的时长长短比率完全不符合要求,长元音比短元音还要短。该结果表明中国受试者还没有完全掌握德语长元音与短元音的时长比率。尽管这些受试者已具备高级德语水平,但是对德语元音时长方面的因素关注还不够。

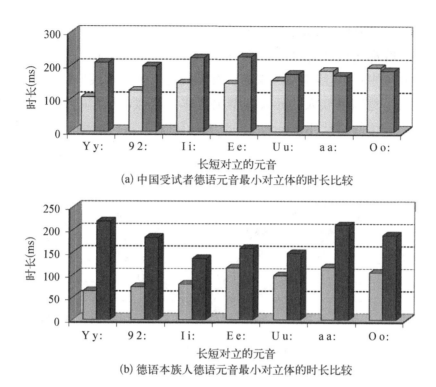

(a) 中国受试者德语元音最小对立体的时长比较

(b) 德语本族人德语元音最小对立体的时长比较

**图 4.4　中国受试者与德语本族人元音最小对立体的时长比较**

#### 4.1.4.4　共振峰比较

众所周知,元音共振峰数值的大小对元音的感知非常重要,而元音动态特征对元音性质也非常重要。下面我们将对以第一和第二共振峰为坐标的元音图以及共振峰的走势做一个比较。我们假设男性与女性发音人的共振峰数值可能有所区别,在统计以下数据时,没有包括男性发音人。

1) 以 F1 - F2 为坐标的元音图比较

Hess(1992)曾指出这一事实,即元音与辅音过渡段的共振峰会受到相邻辅音的影响。因此,在计算共振峰数值时,只计算元音中间比较稳定的部分。将单元音中间稳定部分的共振值进行平均,再将所有中国受试者的数值进一步平均,便能分别画出中国受试者与德国本族人的元音图。中国受试者的单元音共振峰的平均值在图 4.5(a)中表示出来;德国本族人单元音共振峰的平均值则表示在图 4.5(b)中。

将图 4.5(a)与图 4.5(b)比较,我们不难看出,中国发音人的元音图与德国本族人的元音图非常相似：所有短元音(/I/,/E/,/a/,/O/,/U/,/Y/,/9/)的第一共振峰都比相对应的长元音(/i/,/e:/,/a:/,/o:/,/u:/,/y:/,/2:/)的第一共振峰短；由虚线连接起来的所有短元音位于由实线连接起来的长元音的内部。德国本族人的元音图情况也非常相似，只有/a:/是一个例外。这一点在德语的文献(Ramers，1998)中也有描述，这种偏移属于正常情况。

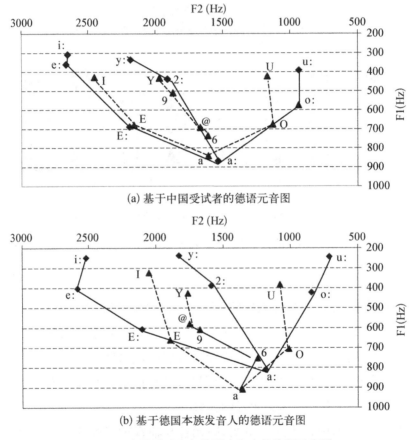

(a) 基于中国受试者的德语元音图

(b) 基于德国本族发音人的德语元音图

**图 4.5　中国受试者与德国本族人的德语元音图**

2) 动态共振峰数值比较

为了能够将不同元音的共振峰的动态走势加以比较，我们在每个元音上选取等距离的 5 点，提取这些点的共振峰数值做图。考虑到元音的起始段与结束段共振峰数值受相邻辅音的影响，这 5 点限制在元音段的 20% 与80% 之间，分别处在元音段的 20%、35%、50%、65% 和 80% 的位置。因为每个发音人的动态共振峰不太相同,我们便将每个人的动态共振峰的数值用线条表示出来。我们无法在此列出所有元音的动态共振峰,下面只将一组对立体的共振峰,即短元音/E/与长元音/e:/的共振峰走势分别在图 4.6(a)与图 4.6(b)中表述出来。

在图 4.6(a)与图 4.6(b)中,细的虚线表示的是 10 位中国发音人元音共振峰的动态数值,粗的实线表示德国本族人元音的共振峰数值。从图上可以看出,中国发音人的 F2 数值大都比德国本族发音人要高。因为 F1 数值比较小,中国发音人与德国本族人的数值还比较接近,而中国发音人短元音(/E/)的 F2 的数值比德国本族人的要高很多。其他元音对立组的情况类似于/E/与/e:/。

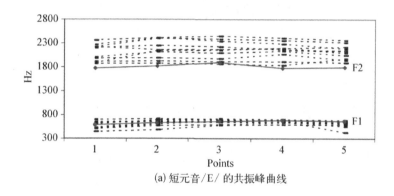

(a) 短元音/E/的共振峰曲线

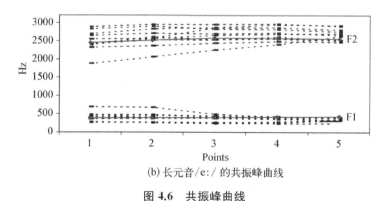

(b) 长元音/e:/的共振峰曲线

**图 4.6　共振峰曲线**

注:虚线表示的是中国发音人,实线表示的是德国发音人

### 4.1.5　后续研究

近几年,笔者继续与德国院系合作,在中国学生德语长元音与短元音的

感知与产出方面做了更多的深入研究。

#### 4.1.5.1　后续感知研究

在元音感知实验中,我们选取了 70 个常用的德语单词,包括所有 7 对长短元音。为了更好地控制元音音段与超音段的变量,我们使用了德国德累斯顿大学电子信息学院言语技术与认知系统(Speech Technology and Cognitive Systems)实验室 Birkholz 教授研发的基于发音模型的语音合成器( articulatory speech synthesizer )VocalTractLab (Birkholz,2013;Birkholz et al.,2017)。我们通过合成器合成典型的德语长元音与短元音,然后缩短或加长元音的时长,这样便可以测出受试者更多依靠时长线索还是共振峰的音质线索区别德语的长元音与短元音。我们招募了 10 位德国受试者,16 位中国德语高级水平学生和 19 位中国德语初级水平学生。

通过感知听辨实验,我们发现德国人区分长短元音的正确率为 100%,中国高级水平者为 82%,初级水平者为 76%。德国本族人同时依靠音质与时长来区分长短元音,而且对于不同元音对,依赖的声学线索有所不同。对于前高元音对(如/i-/I/),更多依赖音质;对于低中元音(如/a:/-/a/),更多依赖时长。而中国德语习得者对所有的元音对没有明显区分,更多地依赖时长而非音质来区分长短元音对(Gao,Ding,Birkholz,et al.,2019)。

#### 4.1.5.2　后续产出研究

为了探索母语者及二语习得者在长短元音感知与产出之间的关系,我们又招募了 30 位德国大学生与 30 位中国德语高级水平的习得者。将 7 对长短元音组合成符合德语发音规则的单音节词,即 *daht-datt*,*deht-dett*,*diht-ditt*,*döht-dött*,*doht-dott*,*düht-dütt*,*duht-dutt*,并将这些单词放入负载句 *Ich habe /dVt/ gesagt*(*I have said /dVt/*. 我说了 /dVt/。)中。每个句子出现 5 遍,一共 70 个句子。打乱顺序以后,让 60 位受试者一一读出。录音之前,受试者已被告知,按德语发音规则,以 *ht* 结尾的单词,前面的元音发长音;以 *tt* 结尾的单词,前面的元音发短音。所有的受试者都能很自然地读出所有的单词与句子。使用这些无意义单词的好处是可以保证元音的发音尽量不受语音或前后辅音发音的影响,可以把研究重点聚焦于长短元音的对立方面。

通过比较德国学生与中国学生产出元音的时长与共振峰,我们发现与感知实验相呼应。德国本族人同时依靠产出不同的共振峰(音质)与时长来区分长短元音,而且对于不同元音对,依赖的声学线索有所不同。对于前高元音对(如/i/-/I/),更多依赖音质;对于低中元音(如/a:/-/a/),更多依赖时长。而中国德语习得者对所有的元音对没有明显区分。总的来说,中国德语习得者更多地依赖产出不同的时长,而非音质来区分德语的长短元音对(Gao,Ding & Birkholz,2020)。

### 4.1.6　讨论与总结

本实验描述中国学生德语元音发音情况,并分析与德语本族发音人存在的区别。本调查包括元音的产出与评估实验。挑选了 11 位中国发音人参与实验,这些受试者被要求朗读 20 个德语单词,然后由 10 位德语本族人对这些元音的发音进行评估。实验结果表明,这些受试者德语长元音的发音没有什么问题,但是短元音的发音不够准确。通过进一步的声学分析,发现这些受试者无法准确掌握好长短元音之间的对立。特别是对于德语中的一些央元音,很难找到发音的合适位置,对于圆唇元音的圆唇度也掌握得不够(Ding,Jokisch & Hoffmann,2007)。

尽管每个人所产出的元音共振峰绝对值各不相同,我们很难完全依靠不同的共振峰数值来表示元音性质的不同(Hess,1992)。但是,如果我们以基本元音在 F1-F2 坐标中的位置为基准,其他元音便能从其相对于基本元音的位置大致判断出它们的发音部位与特征。在比较中国发音人与德国本族人的元音图与共振峰图的基础上,我们可以推断出中国受试者的元音发音在声学参数上与德国本族人存在以下方面的偏误:

(1) 在以下两组长短元音(/U/和/u:/,/O/和/o:/)对立组中,中国受试者的 F2 数值在长短音中的区别没有德国本族人那样明显。

(2) 德国本族人所有短元音(除了/a/以外)的位置均比中国受试者更加趋向于中部。中国受试者的短元音相对而言向外偏移。

(3) 德国本族发音人的元音变音与前元音几乎处于元音三角图的中央,但是中国受试者的元音变音与前元音的位置偏于前部。这些特征也可以从共振峰图中得以验证,中国受试者的元音变音与前元音 F2 数值远远高于德语本族人。

针对中国受试者与德语本族人以上声学参数之间的差异现象,我们可以给出以下解释:

(1) 中国受试者/O/与/U/的 F1 数值与其相对应的长元音比较接近,可以解释为什么中国受试者的/O/与/U/的发音评分不太高。

(2) 一些中国受试者短元音(如/I/、/2:/、/Y/、/E/)的 F2 数值相对德语本族人来说比较大,说明他们发音部位比较靠前,也可以说明为什么德国本族人认为这些短元音不够准确。

众所周知,元音发音舌位的高低与 F1 的数值成反比,而元音发音舌位的前后则与 F2 的数值成正比。我们可以推断出中国受试者的前元音与央元音的短元音的发音部位有点偏前。也许中国受试者发音时口型以及圆唇度不完全正确,造成了某些短元音的发音部位有些偏移,因而带上了中国口音。

如同该实验所证实的一样,中国德语习得者元音的 F2 数值通常比德语本族人高。F2 数值越高,说明发音的部位越靠前。因此德国本族人的印象是中国人德语的元音发音有点靠前。而中国德语习得者往往将央元音发音部位往前移也与汉语的语音系统有关。从汉语的元音图上可以看出,汉语中没有与德语中短元音相对应的元音。另一个解释是汉语中圆唇音较少。在德国,中国往往被称为"微笑的国度"(the land of smiles),这不仅说明中国人非常友好,总是以微笑迎接外国友人,而且汉语语音听上去也非常友好。因为汉语中非圆唇音比较多,德语中圆唇音比较多,因而在发德语元音时需要将嘴唇自然前伸作圆唇状,中国习得者不是很习惯。而有实验证明(Fagel,2010),如果发音时增加嘴唇的非圆唇度,可以将非微笑语言(non-smiled speech)改变为微笑语言(smiled speech)。汉语语言中存在很多扁唇元音,于是中国人说汉语时,能给人一种友好、微笑的感觉。然而,当中国人说德语时,特别是发德语中的圆唇音时,应该增加圆唇度,这样元音听上去才更有德语味道。

本实验通过德国本族人对中国受试者德语元音发音的评估,以及比较中国受试者与德国本族人的声学参数,说明中国德语习得者在元音发音方面的偏误,并给出了解释。因为汉语元音系统与德语元音系统的差异,中国德语习得者的元音发音受到母语的负迁移,从而造成元音发音方面的一些

偏误。尽管实验的语音材料与受试者数量有限，但是整个实验过程中其他
因素控制得比较严格，数据分析比较合理，也对问题进行了比较透彻的分
析，因此实验结果还是具有一定代表性。当然音段方面的发音偏误不仅仅
是由于单元音造成的，双元音和辅音也会带来很多影响。

## 4.2　音节尾辅音发音实验

本节将针对中国大学生德语音节尾辅音习得进行分析讨论。Pike
(1945)和 Abercrombie (1967)将世界上的语言按节律特征分成两大类：重
音节拍(stress-timed)语言和音节节拍(syllable-timed)语言。德语和英语
通常被认为是典型的重音节拍语言，汉语(本书中指普通话)传统上则被看
作音节节拍语言。Ramus 等(1999)通过实验证明可以用元音的时长占句
子时长的百分比(%V)和辅音时长标准差(ΔC)的不同将重音节拍语言与
音节节拍语言大体区别开，即音节节拍语言的元音时长比例大于重音节拍
语言，而辅音时长标准差则小于重音节拍语言。这两个声学指标在一定程
度上反映了音节结构的区别：音节节拍语言的音节结构相对简单。辅音相
对少，所以元音在音节中所占比例较大，因而(%V)较高；而重音节拍语言
的音节结构相对复杂，辅音较多，往往存在辅音丛，且长度不等，因此辅音时
长的标准差 ΔC 相对较高。德语作为典型的重音节拍语言，音节结构远比
汉语要复杂。

所谓音节，是指由一个或几个音素构成、人们在听觉上能感知到的最小
的语言片段。语言学家 Fudge (1996)提出的音节结构理论是语言学界较被
广泛接受的说法，即音节由音节首(Onset)与韵部(Rhyme)组成，而韵部又
由韵核(Nucleus)与韵尾(Coda)组成。一般说来韵核是音节的核心，主要由
元音组成，而音节首与音节尾由辅音组成。作为韵核的元音无论在汉语、德
语还是英语中都是构成音节不可或缺的成分，而作为音节首和音节尾的辅
音不是音节的必需成分。汉语与德语、英语的音节结构有很人的区别。在
汉语中，音节尾要么是元音，要么是鼻音 n 或 ng，音节结构是"音节首(辅
音)＋韵核(元音)"或者"音节首(辅音)＋韵核(元音)＋韵尾(鼻辅音)"。而
德语和英语的音节结构通常是"音节首(辅音)＋韵核(元音)＋韵尾(辅

音)",而且两个或多个辅音(即辅音丛)连续出现的情况比比皆是。相对于英语而言,德语音节尾辅音丛现象更加普遍。这些音节尾辅音或辅音丛给中国学生的德语发音带来了很大困难。中国学生往往会运用母语的发音方式去解决外语中遇到的语音问题,比如在这些辅音之间添加元音,省略或替换某个辅音,从而造成音素和节律上的偏误(Ding,2013)。此外,中国学生通常到大学才开始学习作为第二外语的德语,而此前习得的第一外语(一般是英语)也会给德语习得者带来一些正迁移(positive transfer)或负迁移(negative transfer),这也是值得关注的。本节将考察中国学生的德语音节尾辅音发音,试图回答以下问题:

- 汉语的音节结构是否影响中国学生德语音节尾的习得?
- 中国学生通常会应用哪些方式处理德语的辅音音节尾?
- 音节尾辅音发音的准确率是否与辅音的数目有关?
- 音节尾辅音的发音准确率以及处理方式是否与该辅音类型以及所处的语音上下文有关?
- 音节尾辅音的发音准确率以及处理方式是否与学习者的德语语言水平有关?

### 4.2.1　实验方法

针对这些问题,我们设计了朗读语料,选取了实验对象,通过对语音数据的统计和分析来寻求答案(丁红卫,2014)。

#### 4.2.1.1　语料设计

本实验的朗读材料选取了 102 个单词和 20 个句子。单词尽量覆盖德语中所有可能出现在音节尾的辅音以及辅音组合,句子尽量多包含一些常见的音节尾的辅音,同时注意音节尾辅音后接音素的平衡分布。语料中的单词主要用于考察实验对象对不同音节尾辅音的掌握情况,而语料中的句子主要用于考察连续语流中的上下文是否会影响音节尾辅音的准确率。

(1) 单词是从改进的 *Celex* 德语词典中选取的。词典中包含了所有常用的德语单词,有 8 万多常用的词条。先运行一个脚本,从词条中自动筛选出所有的词尾辅音丛以及不在词尾的音节尾辅音丛。然后从自动选取的单词中,参考每个单词的使用频率、发音难度等,人工选取带有目标音节尾辅音的合适单词,每个不同的音节尾都选定一个负载单词。因为有些辅音丛不出现在词尾,只出现在多音节单词中间的音节尾,所以有的单词里面出现不止一个音节尾。102 个单词中一共包含了 294 个音节尾。

（2）20 个德语句子选自德国著名的 PhonDat 语料库。根据贪心算法（van Santen & Buchsbaum,1997）,从已有音节标注的 100 个 PhonDat 的句子中选取了 20 个句子,筛选准则为覆盖尽量多的音节尾辅音和辅音后音素,每个句子大约有 5～8 个单词,并且尽量易于发音,这是因为考虑到实验对象中有德语初级班学生。

通过对 Celex 德语词典中 8 万多条单词的筛选,发现德语音节尾的辅音个数从 1 个到 4 个不等。音节尾的单辅音、双辅音以及负载单词分别列入表 4.2 和表 4.3。

表 4.2　作为音节尾的单辅音以及单词例子(音标使用 SAMPA)

| 单辅音的音节尾 | | | | | | |
|---|---|---|---|---|---|---|
| 塞　　音 | | | | | | |
| 辅音 | p | b | t | d | k | g | |
| 单词 | Prinzip | Antrieb | Lehrzeit | Schwimmbad | Musik | Freitag | |
| 音标 | prIntsi：p | antri：p | le：6tsaIt | SvImba：t | mu：zi：k | fraIta：k | |
| 擦　　音 | | | | | | |
| 辅音 | f | v | s | z | S | C | x |
| 单词 | Gasthof | kreativ | grundlos | Provinz | akustisch | zwanzig | einfach |
| 音标 | gastho：f | kre：ati：f | grUntlo：s | pro：vInts | akUstIS | tsvantsIC | aInfax |
| 响　　音 | | | | | | |
| 辅音 | l | m | n | N | | | |
| 单词 | Merkmal | einigem | einkaufen | Forderung | | | |
| 音标 | mE6kma：l | aInIg@m | aInkaUf@n | fO6d@rUN | | | |

表 4.3　作为音节尾的双辅音以及单词例子（音标使用 SAMPA）

**双辅音的音节尾**

**双辅音的第一个辅音是 /l/**

| 辅音 | lp | ln | lf | lC | lS | ls | lm | lt |
|---|---|---|---|---|---|---|---|---|
| 单词 | anderthalb | Floskeln | Golf | Vollmilch | falschlich | Kessels | Film | anfällt |
| 音标 | and@6thalp | flOsk@ln | gOlf | fOlmIlC | fElSlIC | kEs@ls | fIlm | anfElt |

**双辅音的第一个辅音是 /m/ 或者是 /n/**

| 辅音 | mp | ms | mt | mf | mS | nf | nt | |
|---|---|---|---|---|---|---|---|---|
| 单词 | Kohldampf | Universums | Landesamt | Triumph | Ramsch | fünf | Abstand | |
| 音标 | ko:ldampf | Uni:vE6zUms | land@samt | tri:Umf | ramS | fYnf | apStant | |

**双辅音的第一个辅音是 /n/ 或者是 /N/**

| 辅音 | nS | Nk | ns | nC | Ns | Nt | | |
|---|---|---|---|---|---|---|---|---|
| 单词 | Glückwunsch | Kühlschrank | Entleins | Mönch | Ausgangs | erbringt | | |
| 音标 | glYkvUnS | ky:lSraNk | EntlaIns | m9nC | aUsgaNs | E6brINt | | |

**双辅音的第一个辅音是 /f/、/s/、/S/、/x/**

| 辅音 | Ss | St | fs | ft | sk | st | xs | xt |
|---|---|---|---|---|---|---|---|---|
| 单词 | Schreibtischs | enttäuscht | Bedarfs | ankauft | Kiosk | auslöst | Geruchs | aufsucht |
| 音标 | SraIptISs | EnttOYSt | b@da6fs | ankaUft | ki:o:sk | aUsl2:st | g@ru:xs | aUfzu:xt |

**双辅音的第一个辅音是 /t/、/k/、/p/**

| 辅音 | tS | ks | ts | kt | pf | ps | pt | |
|---|---|---|---|---|---|---|---|---|
| 单词 | Schriftdeutsch | Nachwuchs | allseits | hochsteigt | Kochtopf | Nachschubs | Rezept | |
| 音标 | SrIftdOYtS | na:xvu:ks | alzaIts | ho:xStaIkt | kOxtOpf | na:xSu:ps | re:tsEpt | |

因为实验结果将用于人机交流的数据库,音标采用计算机能读取的 SAMPA 标注。由于德语有词尾辅音清化(final devoicing)规则,所以表 4.2 和表 4.3 中的词尾浊塞音在音标中标为相应的清塞音。词典中用连字符将前后音节隔开,比如 Prinzip 的音标为[prIn-tsi:p]。为节省空间,这里省略了连字符和音标方括号。此外,还有很多 3 个辅音的音节尾,如 Cst, Cts, fst, fts, kst, kts, lCt, lfs, lft, lks, lkt, lms, lmt, lns, lnt, lps, lpt, lst, lSt, lts, mfs, mpf, mps, mpt, mSs, mst, mts, nft, Nks, Nkt, nkt, nSt, nst, nts, pft, pst, pts, Sst, sts, tSt, tst, xst, xts,以及 4 个辅音的音节尾,如 mpfs, mpft, ntkt。在本书其他部分依然使用连字符划分音节,使用方括号表示音标。

### 4.2.1.2　实验对象

我们从同济大学两个德语强化班和一个德语系硕士生班选取实验对象,代表以下三种德语水平:

(1)初级水平,指刚学了 18 周的德语,每周 5 天,每天 5 小时,总共学时为 450;

(2)中级水平,指学了 36 周的德语,每周 5 天,每天 5 小时,总共学时为 900;

(3)高级水平,指德语系一年级的硕士生,学了 5 年的德语。

每个语言水平分别选出了有代表性的 2 位男生和 2 位女生(由德语老师分别推荐各班口语中等的学生),一共选出了 12 位学生参加实验,都是同济大学的本科生或研究生,年龄在 20 岁到 26 岁之间。另外,我们还选定了 2 位没有地方口音的德国本族女大学生作为参考对象。所有的实验对象(含中国学生和德国本族发音人)朗读同样的语音材料。

### 4.2.1.3　数据采集与标注

录音在录音室内进行,采用 16 kHz 采样频率、16 位量化精度的录音格式。参加朗读录音的学生需要事先熟悉朗读的语料,确信知晓每个单词和句子的发音,并明白其意义。如果在录音的过程中发生朗读错误,将及时给予提示,并重新录制读错的单词和句子。

语音标注首先采用软件进行自动标注,然后使用 Praat 程序进行人工修改。所有标注,特别是音节尾辅音标注通过视觉和听觉进行综合判断。使用耳机对语音进行仔细听辨,语谱图、波形图等用于视觉上的辅助。所有的语音标注和偏误标注由笔者和一位德国语音专家共同承担。为了避免标注受个人因素影响,两人各自标注了所有的数据。结果,标注一致率达95%以上,剩下大约5%的不一致的标注主要涉及音节尾发音是否正确以及属于哪类偏误类型,通过讨论以后达成一致。

### 4.2.2　实验结果

#### 4.2.2.1　偏误的类型

Hansen(2001)调查中国人英语音节尾发音,总结出三类发音偏误:元音插入(epenthesis);辅音脱落(absence),即辅音省略;特征改变(feature change),即使用语音特征不同的其他辅音替代原有的辅音。通过感知和声学分析,在德语音节尾的辅音中我们同样可以将偏误归为这三大类(Ding,Mixdorff,et al.,2010)。下面分别举例说明。

1) 辅音脱落

辅音脱落是指在发音的时候,略去音节尾的某个辅音。辅音脱落往往出现在两个以上辅音的辅音丛中,当音节尾有三到四个辅音连缀的时候,由于时间节奏没有掌握好,没能将每个辅音顾及到,中国学生便略去其中一到两个辅音。比如在单词 aussprichst[aUs-SprICst](发音)词尾有三个连续的辅音[Cst],中间的辅音就容易被省略。如图4.7(a)所示,其中一位初级水平的中国学生将中间的 s 完全省去,(-s)加箭头表明这里缺少了[s]。而德国发音人在该单词中的三个辅音既能听到,也能在语图上看到,如图4.7(b)所示。

有些德国本族人在语速比较快的时候的发音,我们能感知到每个辅音,但是从语图上无法清晰确定每个辅音的位置。这是因为协同发音时,有的辅音发音没有完全到位,但是并没有像中国初学者一样,将一个辅音完全忽略(不但波形图和语图上没有该辅音的任何痕迹,感知上也捕捉不到该辅音的存在)。

2) 辅音替换

替换是指用母语和已学过的语言中相近的音去替换新语言中不熟悉的音,这些音往往非常相似,但是语音特征却不尽相同。这些不同的特征在母语中通常没有区别意义。比如,汉语中的元音没有松紧或长短之分,中国学生说德语时,常常使用长元音替换德语中的短元音(Ding,Jokisch & Hoffmann,2007)。在辅音中,替换得比较多的是塞音。德语和英语中的塞音不但有送气与否的区别,还有清浊(声带是否振动)的区别,而汉语中的

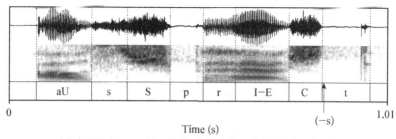

Time (s)

(a) 中国学生aussprichst的波形图、语图和标注(省略了[Cst]中的[s])

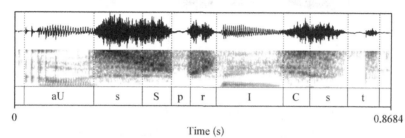

Time (s)

(b) 德国发音人aussprichst的波形图、语图和标注

**图 4.7　中国发音人与德国发音人德语单词 aussprichst(发音)的比较**

塞音只有送气和不送气的区别。中国学生在说德语时,一方面通常用不送气的塞音代替浊塞音,另一方面通常在发清塞音时送气太强。但是,由于德语有音节尾浊音清化(final devoicing)的规则,而汉语的塞音都是清音,音节尾浊音清化正好符合汉语习惯,这类塞音替换在德语的音节尾辅音中便不再存在。只是中国学生清音送气程度远远大于德语本族人。

对于单词 Lehrzeit[leː6-tsaIt](学徒时期),比较图 4.8(a)德国人的发音和图 4.8(b)中国学生的发音。不难看出,中国学生[t]发得时间长,而且送气非常明显,但是没有出现元音的共振峰,所以[t]后面并没有出现元音加音。另外,发音的节律特征跟德语本族人也不完全一致,中国学生的双元音[aI]比本族人短,而音节尾的辅音却长很多。这种现象非常普遍,即使在学了很长时间德语以后依然存在,图 4.8(b)的发音人便是一位德语系硕士生。但是这种情况我们不作为替换偏误统计。

在音节尾辅音中,最常见的替代发生在边音/l/上。德语中词尾/l/与词首/l/一样都发清晰的 [l](clear [l]),而中国学生往往以英语中词尾的模糊[ɫ](dark [ɫ])或者其他音(例如元音[ɔ]或元音[uː])替代德语词尾中清晰

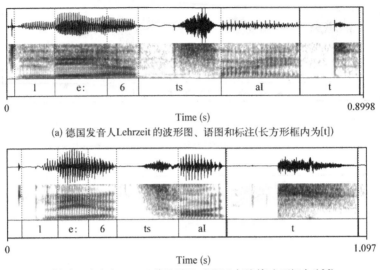

(a) 德国发音人Lehrzeit的波形图、语图和标注(长方形框内为[t])

(b) 中国发音人Lehrzeit的波形图、语图和标注(长方形框内为[t])

**图 4.8    德国本族人与中国发音人德语单词 Lehrzeit(学徒时期)的比较**

的[l]。如图 4.9(a)中所示,发清晰的[l]时,舌尖抵住上齿龈根部,舌面向硬腭抬起,形成气流阻碍,气流从舌的两侧通过;如图 4.9(b)中所示,发模糊[ɫ]时,舌尖抵住上齿龈根部,舌面下凹,舌后部微微上抬,气流在舌面形成的凹槽中产生共鸣,发音响亮。

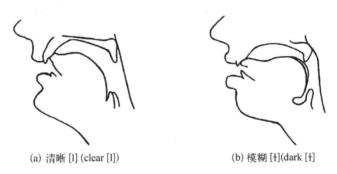

(a) 清晰 [l] (clear [l])                (b) 模糊 [ɫ](dark [ɫ])

**图 4.9    舌位示意图**

由于不同发音的舌位不同,决定了第二共振峰 F2 数值也不同,清晰[l]的 F2 的数值要高于模糊[ɫ]的 F2。Recasens (2012)测量了 20 多种语言中/l/的 F2 值,发现清晰[l]的 F2 大约为 1 500~2 000 Hz,而模糊[ɫ]的 F2大约为 800~1 200 Hz。当德国本族发音人朗读单词 Merkmal [mE6k-ma:l](标志)时,最后一个音为清晰[l],可以从图 4.10(a)中观察到,从元音[a:]

向清晰辅音[l]过渡过程中 F2 略有上扬。

　　而中国学生在朗读 Merkmal 时，将清晰[l]发成模糊[ɫ]或元音，如图 4.10(b)所示，标注中"l‑5"表示 l 被 5 代替(SAMPA 中的"l"和"5"分别对应 IPA 中的清晰 [l]和模糊[ɫ])，最后一个音的 F2 明显下降，F1 与 F2 之间的差距缩小，这也是模糊[ɫ]区别于清晰[l]的主要特征。而且这里的模糊[ɫ]更像元音，并出现喉化现象(glottalization)，波形图和语图中不规则的波形周期便是喉化的特征。这里我们不进一步区分模糊[ɫ]和元音，只区别清晰[l]和模糊[ɫ]。只要不是清晰[l]，发成其他元音，也被标为替换偏误。

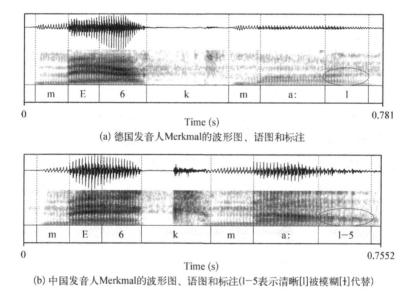

(a) 德国发音人Merkmal的波形图、语图和标注

(b) 中国发音人Merkmal的波形图、语图和标注(l‑5表示清晰[l]被模糊[ɫ]代替)

图 4.10　德国发音人与中国发音人德语单词 Merkmal(标志)的比较

　　针对中国学生德语音节尾/l/的发音偏误，我们设计了更多的语料，进行了更详尽的实验调查(Ding，Jokisch & Hoffmann，2010)，发现德语音节尾的清晰[l]被模糊[ɫ]或其他元音替代是中国学生德语发音中的常见偏误，也是造成带中国口音德语的原因之一。

　　3) 元音加音

　　加音是指在音节尾辅音之后添加一个元音，往往是央元音[@]。加音现象与音节尾辅音的响度有关，响度低的塞音之后加音现象比较明显，响度高的鼻音之后较少出现加音现象(Ding & Hoffmann，2013)。加音的原因有两种,一种是音位的加音(phonological epenthesis),因为汉语的音节多数以元音结尾,造成中国学生下意识地以为在辅音之后有一个元音存在,所以加了一个央元音。另一种情形是发音动作延时而导致的加音(gestural mistiming),就是在连续两个辅音发音的过程中,发音动作没有配合好,不自觉地插入了一个央元音。德语或英语的本族人在发辅音丛时,往往前后辅音的发音动作有重叠,协同发音很自然;而中国学生还没有习惯德语中的辅音丛协同发音,往往待一个辅音发音过程结束后,才开始下一个辅音的发音动作,在两个辅音之间便插入了央元音(Ding & Hoffmann,2013)。中国学生初学者往往是音位的加音,加上的央元音比较长而且重读,然后慢慢地过渡到发音动作的加音,加的央元音比较短而且弱读,最后过渡到没有加音(Ding & Hoffmann,2013)。比如,enttäuscht [Ent-tOYSt](令人失望)这个词有两个音节,第一个音节的结尾有双辅音[nt],第二个音节的结尾有双辅音[St]。德国人的发音如图 4.11(a)所示,第一个音节尾的[t]没有经过成阻阶段,在[n]之后只有一段微弱的释放,紧接着就进入第二个音节首[t]的成阻阶段,但我们在感知上仍能听辨出这里有两个[t]。而一位中国初学者在第一个音节尾[t]之后,第二个音节尾的[S]和[t]之后分别加了三个央元音[@],如图 4.11(b)所示。

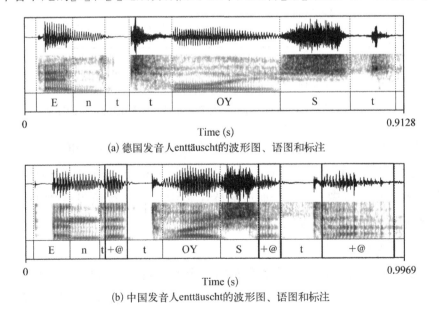

(a) 德国发音人enttäuscht的波形图、语图和标注

(b) 中国发音人enttäuscht的波形图、语图和标注

图 4.11　德国发音人与中国发音人德语单词 enttäuscht(令人失望)的比较

### 4.2.2.2　偏误的分类统计

每个音节尾辅音的发音结果分为四类：正确、替换、省略、加音。单词中共有 294 个音节尾辅音或辅音丛，句子中共有 180 个音节尾辅音或辅音丛，一共有 12 位中国学生作为实验对象，统计数据总共包括 $12 \times (294 + 180) = 5\,688$ 个音节尾辅音或辅音丛。这些实验对象发音结果的统计按单辅音、双辅音和多辅音（即辅音数 $\geqslant 3$）分别在表 4.4、表 4.5 和表 4.6 中列出。表中的数目为同一语言水平 4 位中国学生的平均数值。

从这三个表的数据出发，我们进行以下分析：

（1）以偏误类型分组，对表 4.4～表 4.6 中的偏误数量进行单因素方差分析，我们发现初学者的三种偏误类型之间差异显著（$F(2,15) = 9.064$，$p < 0.05$）。采用 Tukey HSD 事后检验表明，加音与替换之间、加音与省略之间的平均偏误数量都存在显著差异（$p < 0.05$），而替换与省略之间的平均偏误数量差异并不显著（$p > 0.05$）。

（2）以语言水平分组，对表 4.4～表 4.6 中的加音偏误数量进行单因素方差分析，我们发现加音的平均数量在三种语言水平之间有显著差异（$F(2,15) = 13.196$，$p < 0.05$）。Tukey HSD 事后检验表明，初级水平与中级水平之间，以及初级水平与高级水平之间，出现加音的平均数量都存在显著差异（$p < 0.05$），而中级与高级水平之间没有显著差异（$p > 0.05$）。

**表 4.4　单辅音韵尾的发音结果统计**

| | 单　　词 | | | | | | 句　　子 | | | | | |
|---|---|---|---|---|---|---|---|---|---|---|---|---|
| | 初级 | | 中级 | | 高级 | | 初级 | | 中级 | | 高级 | |
| | 数目 | 百分比(%) | 数目 | 百分比(%) | 数目 | 百分比(%) | 数目 | 百分比(%) | 数目 | 百分比(%) | 数目 | 百分比(%) |
| 正确 | 71 | 62.3 | 89 | 78.1 | 99 | 86.9 | 110 | 84.6 | 122 | 93.9 | 126 | 97.0 |
| 替换 | 18 | 15.8 | 19 | 16.7 | 8 | 7.0 | 2 | 1.5 | 6 | 4.6 | 2 | 1.5 |
| 省略 | 3 | 2.6 | 3 | 2.6 | 3 | 2.6 | 4 | 3.1 | 0 | 0 | 0 | 0 |
| 加音 | 22 | 19.3 | 3 | 2.6 | 4 | 3.5 | 14 | 10.8 | 2 | 1.5 | 2 | 1.5 |
| 总数 | 114 | 100 | 114 | 100 | 114 | 100 | 130 | 100 | 130 | 100 | 130 | 100 |

表 4.5　双辅音韵尾的发音结果统计

| | 单　词 | | | | | | 句　子 | | | | | |
|---|---|---|---|---|---|---|---|---|---|---|---|---|
| | 初级 | | 中级 | | 高级 | | 初级 | | 中级 | | 高级 | |
| | 数目 | 百分比（%） | 数目 | 百分比（%） | 数目 | 百分比（%） | 数目 | 百分比（%） | 数目 | 百分比（%） | 数目 | 百分比（%） |
| 正确 | 55 | 64.0 | 69 | 80.2 | 77 | 89.5 | 23 | 54.8 | 36 | 85.7 | 36 | 85.7 |
| 替换 | 7 | 8.1 | 12 | 14.0 | 6 | 7.0 | 0 | 0 | 0 | 0 | 1 | 2.4 |
| 省略 | 3 | 3.5 | 3 | 3.5 | 3 | 3.5 | 2 | 4.8 | 0 | 0 | 0 | 0 |
| 加音 | 21 | 24.4 | 2 | 2.3 | 0 | 0 | 17 | 40.4 | 6 | 14.3 | 5 | 11.9 |
| 总数 | 86 | 100 | 86 | 100 | 86 | 100 | 42 | 100 | 42 | 100 | 42 | 100 |

表 4.6　多辅音韵尾的发音结果统计

| | 单　词 | | | | | | 句　子 | | | | | |
|---|---|---|---|---|---|---|---|---|---|---|---|---|
| | 初级 | | 中级 | | 高级 | | 初级 | | 中级 | | 高级 | |
| | 数目 | 百分比（%） | 数目 | 百分比（%） | 数目 | 百分比（%） | 数目 | 百分比（%） | 数目 | 百分比（%） | 数目 | 百分比（%） |
| 正确 | 50 | 53.2 | 57 | 60.6 | 78 | 83.0 | 3 | 37.5 | 5 | 62.5 | 7 | 87.5 |
| 替换 | 3 | 3.2 | 20 | 21.3 | 11 | 11.7 | 0 | 0 | 0 | 0 | 1 | 12.5 |
| 省略 | 4 | 4.3 | 9 | 9.6 | 4 | 4.3 | 0 | 0 | 0 | 0 | 0 | 0 |
| 加音 | 37 | 39.3 | 8 | 8.5 | 1 | 1.0 | 5 | 62.5 | 3 | 37.5 | 0 | 0 |
| 总数 | 94 | 100 | 94 | 100 | 94 | 100 | 8 | 100 | 8 | 100 | 8 | 100 |

（3）按韵尾是单辅音、双辅音和多辅音来分，所有 12 位中国学生的发音平均正确率分别为 83.8%、76.65% 和 64.05%。

（4）在孤立单词与在连续语句中，音节尾辅音偏误出现的比例与分布往往并不相同，甚至有时有较大的差别。

（5）在所有 474 个音节尾（包括单词中的 294 个和句子中的 180 个）当中，初级水平、中级水平和高级水平学生偏误的平均数量分别为 152、116 和

32 个,呈现出递减的趋势。

### 4.2.3　讨论与总结

由以上统计结果,我们可以回答本节开始提出的问题:

(1) 初级德语习得者还是习惯汉语音节的声母-韵母结构(CV 或 CVN,这里 N 表示鼻音),常常在音节尾辅音后面加上元音,通常是央元音 [@]。而德语高级水平的学生已经习惯了音节以辅音结尾的发音,高级水平的 4 位受试者中加音最少的为 0%,加音最多的为 11.9%。

(2) 中国学生采用加音、替换和省略的方式处理德语音节尾的辅音。初学者加音的频率远远超过替换和省略,而中级学习者和高级学习者在这三种方式中没有明显的偏向。

(3) 音节尾辅音的发音准确率与辅音数目有一定相关性,大体上音节尾辅音越多,发音的准确率越低。

(4) 中国学生对不同的音节尾辅音采用不同的处理方式。对于大部分的音节尾辅音,采用加音的方式。加音偏误跟音节尾辅音的响度有关,响度低的清塞音之后最可能出现加音偏误,其中在/t/后面出现的加音现象最为突出;加音偏误还与下一个音节首的音素有一定的关系(Ding, Jäckel & Hoffmann, 2013);此外,句重音也会增强加音现象。所以,词尾辅音加音比例在孤立单词中与在连续语流中不同。英语习得中,辅音替换偏误往往表现在用清辅音代替词尾的浊辅音,而德语的音节尾辅音全部清化,正好符合中国学习者的发音习惯,这一典型的替换也不再存在。德语习得中最常见的音节尾辅音替换便是采用模糊[ɫ]或者元音替代清晰[l]。辅音脱落偏误主要出现在音节尾的辅音丛。当连续辅音多于两个,中国学生往往省略其中一个,与 Hansen (2001)调查的中国学生英语音节尾辅音习得的结果一致。

(5) 随着中国学生德语水平由初级到中级再到高级的递增,音节尾辅音的偏误呈现递减的趋势。尤其是初级水平的学生加音的现象非常明显,而高级水平的学生已经习惯了以辅音结尾的单词发音。

根据外语习得理论,儿童在成长过程中,语言的听辨能力受到周围语言环境的影响,逐渐发展为只能辨别母语中有区别的音素,对于母语中不加区别、听辨不出的音素,就很难在发音方面加以区别。而对于母语中不存在的新音素,学习者虽然可能听得出区别,也很难在短期内掌握发音要领,很难达到与目标语的本族人完全一致,从而出现偏差。此外,成年人学习一门新外语的时候,除了利用母语的经验,还会利用已学过的其他外语(特别是在心理上觉得与新语言更接近的外语)的经验来处理新语言中的新现象(Wrembel,2010)。这也体现在中国学生学习德语方面,因为德语与英语在发音及节律方面比较接近,英语单词也有音节尾辅音,经过长期的英语学习,不少学生渐渐掌握了英语音节尾辅音的发音,尽管还存在许多问题(Hansen,2001)。已经掌握的学生能很快将该技能应用在德语学习上。虽然德语中辅音的读法和辅音丛的组合与英语中不尽相同,但是通过一段时间的学习,就能够很快地掌握。我们进一步发现,如果采用计算机智能辅助学习软件,有的放矢地进行训练,将有效促进音节尾辅音的发音习得。我们尝试让实验对象使用我们研发的德语语音学习软件(Ding,Jokisch & Hoffmann,2012b),以视觉辅助听觉,实验对象很快就发现自己音节尾辅音发音的偏误所在,并能在模仿标准发音人的过程中,纠正很多音节尾辅音的偏误。不过在自然言语中完全纠正这些偏误还需要更多的练习和实践。

　　本节着重探讨中国大学生德语音节尾辅音发音。汉语的音节结构相对德语和英语来说比较简单,汉语的音节尾辅音只有鼻音 n 和 ng,而德语的音节尾辅音可以多达 4 位。本节的实验选取了 12 位代表三种不同德语水平的中国学生作为发音实验对象,还选定了 2 位德语本族语的发音人作为参考。每位发音人朗读 102 个带有不同音节尾辅音的德语单词和 20 句含有较多音节尾辅音的德语句子。实验结果表明,中国学生主要采用元音插入(epenthesis)、辅音脱落(deletion)和辅音替换(substitution)的方式处理德语音节尾辅音的发音。有些发音的偏误可以从汉语中寻到原因,有些偏误现象则可以从第一外语英语中找到解释。统计数据表明,随着德语水平从初级、中级到高级递增,学生对音节尾辅音的发音偏误也逐渐减少,这意味着音节尾辅音发音的偏误是可以不断改进甚至完全克服的。

　　本节在语音实验设计上尽量做到语料的完备性和实验对象的代表性。

首先,从德语词典中找出德语单词音节尾所有可能的辅音或辅音组合 209 个以及嵌有常用的音节尾辅音的句子 20 个作为朗读语料,既覆盖了所有的音节尾辅音,也考虑到了常用音节尾辅音在连续语流中的发音变化。其次,选取的实验对象也考虑到三种不同语言水平的德语学习者,男女各半,尽量做到有代表性。尽管实验人数和实验数据不是很多,但是希望抛砖引玉,从有代表性的语料中发现中国大学生德语音节尾辅音习得的偏误规律。通过该项调查,我们发现,中国学生的德语音节尾辅音的主要偏误是元音加音,初学者尤为突出;相对多的辅音替换表现在音节尾清晰[l]往往被模糊[ɫ]或者元音所替换;辅音脱落现象较多出现在音节尾的辅音丛。随着德语语言水平的提高,各类偏误都会得到一定程度的纠正,特别是元音加音的数量会大幅减少。母语汉语与第一外语英语对作为第二外语德语的习得在初级阶段都有影响,但是随着语言水平的提高,这些影响能被逐渐克服,语音和节律也更接近目标语德语。

## 4.3　元音后 /l/ 发音实验

因为英语是国际通用语言,所以中国中小学学生学的第一外语基本上都是英语。而绝大多数中国德语习得者是在上大学以后作为第二外语开始接触德语的。研究外语习得的领域通常统称为二语习得。随着全球化进程不断加速,越来越多的人开始学习第二或第三外语,跨语言的研究表明,不但母语对外语习得有迁移作用,已经习得的第一外语对第二外语的习得也会产生很大的影响(Wrembel,2010),特别是在第二外语习得的初始阶段,第一外语的迁移作用不可忽视。为了研究中国学生德语元音后/l/的发音,我们先探讨一下有关语言中/l/的发音特点。Recasens 根据/l/在不同的语音环境中不同的语音发音特征,将语言大致分为以下三类(Recasens & Espinosa,2005):

(1) 第一类语言中的/l/无论在什么位置,都表现出很强的模糊/l/的特点,比如美国英语、俄语、波兰语、保加利亚语等;

(2) 第二类语言中的/l/的声学特性随着所处的音节位置的不同而发生很大变化,比如英国英语,当/l/出现在词首,便成为清晰/l/(clear /l/),当

/l/出现在音节尾,便成为模糊[ɫ](dark[ɫ])①;

(3) 第三类语言中的/l/无论出现在什么位置,都表现出清晰/l/的特点,比如德语、西班牙语、法语等。

对于中国德语习得者来说,他们汉语母语里面不存在/l/出现在音节尾的现象,但是他们已经习得的第一外语英语中的/l/出现在音节尾,发音为模糊[ɫ]。尽管很多中国学生在说英语时,音节尾的/l/不会像英语本族人一样发成模糊[ɫ],他们英语中的音节尾/l/更像是元音,但是绝对不是像德语中的清晰[l]。有些中国学生学会了英国英语的发音,有些中国学生更习惯美国英语的发音,但是不论是在英国英语还是在美国英语中,音节尾/l/都是发模糊[ɫ]的音。而德语的音节尾/l/却要发成清晰[l]的音,我们非常想知道中国德语习得者是如何处理德语音节尾/l/发音的。

### 4.3.1    实验方法

本研究主要是探讨以下问题:

(1) 已经习得的第一外语英语中位于元音后的音节尾模糊[ɫ]的语音特征是否会对第二外语德语的发音有迁移作用?

(2) 中国德语习得者的初级、中级和高级水平的学生在元音后的音节尾的发音方面是否呈现出不同的特征?

(3) 位于音节尾/l/前面不同的元音是否会对音节尾/l/的发音造成影响? 如果有影响,会是怎样的影响?

(4) 如果中国德语习得者元音后的音节尾/l/与德国本族人有差别,这样的差别是否会让他们的发音因此带上中国口音?

4.3.1.1    语料设计

我们选取了 29 个单词和 3 个句子,选取这些单词和句子的标准有两项:

(1) 单词和句子中包含了较多的不同元音与/l/的组合(V-l);

---

① 对该实验中使用 IPA 而没有使用 SAMPA 的说明:因为 IPA 中的模糊[ɫ]在 Wells(1995)定义的 X-SAMPA 中常以"5"表示,而在我们语音合成库和标注系统中通常以"L"表示。为了避免混淆,在本节中,我们特意将 SAMPA 中的"L"改成 IPA 中的符号,以方便读者阅读。在数据库中,我们仍然使用 SAMPA 中的"L"来表示模糊[ɫ],便于计算机处理数据。

（2）这些单词和句子必须足够简单，初级德语学生也能够流利地朗读。其中有 3 个单词中包含了两个位于元音后的音节尾/l/，这样朗读材料中一共包括 35 个音节尾/l/（29 个单词＋3 个句子＋3 个单词中第二个音节尾/l/＝35 个音节尾/l/）。

### 4.3.1.2　受试者

该实验分成两个部分，即中国受试者的发音部分以及德语本族人对中国发音人音节尾/l/的评估部分。在发音实验中，12 位受试者来自同济大学的德语强化班，每个德语水平的班级中分别选出 2 位男发音人与 2 位女发音人，所有发音人的年龄在 20～25 岁之间。德语水平的级别按以下定义：

（1）初级水平的学生学了 450 小时的德语，也就是 18 周，每周 5 天，每天 5 节课（18 周×5 天×5 节＝450 小时）；

（2）中级水平的学生学了 900 小时的德语，也就是 36 周，每周 5 天，每天 5 节课（36 周×5 天×5 节＝900 小时）；

（3）高级水平的学生学了 5 年的德语，是同济大学德语系硕士生。

作为发音实验的参考对象，2 位在同济大学留学的德国学生也被邀请参加发音实验。最终我们得到了 490 个带有音节尾/l/的样本，来自 14 位发音人，每人产生了 35 个样本（14 人×35 个＝490 个）。在评估中国发音人的测试中，10 位德语本族人被邀请参加听力评估，每人需对 81 个音节尾/l/仔细听辨，并给出评分。

### 4.3.1.3　语料的收集及分析

所有语料是在一间非常安静的房间录制的。录音采用 16 千赫采样率与 16 比特的采样精度数码录音。所有的受试者需要先熟悉一下朗读的语料，确信知道怎样读每个单词，并知晓每个单词的意思。整个录音期间，笔者与一位学生监控录音质量和朗读效果。如果发现受试者发音音量太小或单词中有停顿，便要求受试者重新朗读。

录音语料为手工标注，共振峰数值使用 Praat 脚本自动提取。因为在连续话语中存在协同发音现象，共振峰数值在前后过渡段与中间稳定段不一致，而共振峰数值在音素的中间段比较稳定，更能表现该音素本身的特征。因此，所有 F1 与 F2 值取自/l/和元音的中间点。

### 4.3.2　实验结果

语音学家，如 Recasens、Sproat 等对清晰/l/与模糊[ɫ]的研究表明这两者之间没有明显的范畴界定，而是连续的过渡（Recasens，Fontdevila，et al.，1995；Sproat & Fujimura，1993）。而且大家也接受这样一个事实，即软腭化程度加强，F1 数值增大，F2 数值减小（Recasens，Fontdevila，et al.，1995）。也就是说 F2 与 F1 之间的差值（F2 - F1）与软腭化程度成反比。于是本节中我们便采用（F2 - F1）的值作为表示/l/清晰度或模糊度的声学参数来描述发音与评估的实验结果。

#### 4.3.2.1　声学实验

上一节中我们提到在汉语中，除了鼻音 n 与 ng 以外，音节尾没有其他的辅音出现。当中国学生遇到德语中音节尾的辅音时，一般采用三种策略处理这些音节尾辅音的发音：

（1）加音：在音节尾的辅音之后加上一个元音；

（2）替换：用另一个发音特征相似，但是又不完全相同的辅音替代；

（3）省略：将音节尾的辅音或辅音丛的辅音略去其中一两个。

我们对收集到的位于元音之后的音节尾/l/的考察证实了以上的说法。在以下的实验分析中，我们依据以上原则，把音节尾/l/的发音首先分为有声学实现以及没有声学实现两种情况。在有声学实现的情况下，既可能在/l/之后加音，也可能用其他音替代/l/。如果在/l/之后加音，那么这个/l/通常会发成清晰/l/；如果德语音节尾/l/被替代，往往会被模糊[ɫ]或者一个元音化的模糊[ɫ]所替代。只要/l/发音时没有被省略，有声学实现，我们就测量该音的声学参数。

采用（F2 - F1）的数值作为识别/l/清晰度或模糊度的标志，我们提取出语料中所有出现在音节尾的/l/的（F2 - F1）数值，并算出每位发音人/l/的（F2 - F1）数值。图 4.12 显示的就是该实验中每位受试者音节尾的/l/的（F2 - F1）数值及其标准差，包括作为参照标准的两位德语本族人。

中国受试者中，除了第二位发音人，其余发音人的音节尾的/l/都比两位德语本族人要模糊。Sproat 和 Fujimura（1993）通过语音实验表明，当/l/处于前元音而且是高元音的语音环境中，（F2 - F1）的数值在 904.23～

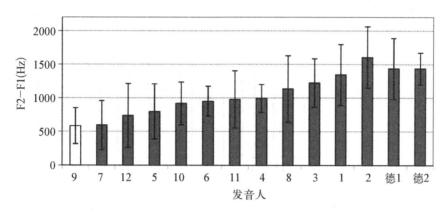

图 4.12　中国 12 位受试者音节尾/l/的(F2 - F1)平均数值及其标准差(标号 1～12)
以及两位德语本族人(F2 - F1)平均数值及其标准差(标号德 1 和德 2)

1 315.71 赫兹之间,那么该/l/的发音可以算为清晰/l/;当(F2 - F1)的数值
在 515.34～908.96 赫兹之间,那么该/l/的发音则算为模糊[ɫ]。而我们的
实验数值要远高于 Sproat 和 Fujimura 报道的数值,这与节尾的/l/所处的
语音环境有关,也跟发音人的发音习惯有关。然而,我们同样也可以采用这
些数值作为我们分析数据的参考。2 位德语本族人的(F2 - F1)平均数分别
为 993 赫兹与 1 061 赫兹,按照 Sproat 和 Fujimura 的标准,属于清晰/l/之
列。有 4 位中国受试者,其(F2 - F1)平均数在 585～799 赫兹之间,则应算
作模糊[ɫ]。有些受试者的(F2 - F1)平均数稍稍高于模糊[ɫ]的范围,其发
音则可算作清晰/l/。

　　1) 清晰/l/发音的比率

　　如果我们依据 Sproat 和 Fujimura (1993)的标准,将清晰/l/的(F2 -
F1)临界值设为 908.96 赫兹,那么两位德语本族人的所有音节尾/l/的发音
都属清晰/l/之列,其(F2 - F1)最低数值分别为 993 赫兹与 1 016 赫兹,皆高
于清晰/l/的临界值。然而所有中国受试者在德语 35 个音节尾/l/的发音中
或多或少都会将音节尾/l/发成模糊[ɫ]或元音化的模糊[ɫ]。每位发音人在
35 个统计数据内,声学参数符合清晰/l/的比率可参见图 4.13。其中不包括
2 位德语本族人,她们清晰/l/的比率为 100%。

　　实际上,图 4.13 表述了与图 4.12 同样的事实,这两个图从不同的角度
反映了每位发音人德语中元音之后音节尾/l/的准确率。

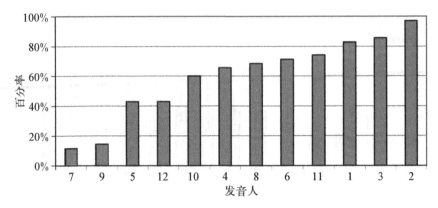

图 4.13　中国受试者位于元音之后音节尾/l/的(F2－F1)
数值超过清晰/l/临界值的比率

2）德语水平与音节尾/l/的发音关系

如果我们将中国受试者的德语水平与其模糊[ɫ]所占的百分比以及性别进行比较,似乎模糊度与德语水平或性别之间不存在很强的相关性。下面列出的是发音人的编号与其德语水平以及性别的关系。

● 初级水平：3(男),6(男),10(女),12(男)
● 中级水平：1(女),5(男),7(女),8(男)
● 高级水平：2(女),4(女),9(男),11(男)

数字1～12表示的是图4.12和图4.13中发音人的编号。在音节尾/l/发音的模糊度比较高的4位发音人当中(7,9,5,12),有两位发音人(5,7)是中级水平,1位(12)是初级水平,还有1位(9)是高级水平。其中3位(5,9,12)是男性,1位(7)是女性。

3）前元音对音节尾/l/的影响

Sproat和Fujimura(1993)通过实验发现,如果位于音节尾/l/之前的元音是长元音,那么该长元音会增强紧接其后的/l/的软腭化程度。但是这一点在实验中不容易验证,因为我们不能保证这些受试者长短元音都发得很准确,确实将长短元音区别开了。但是我们还是对每位发音人所有位于音节尾/l/之前的元音时长与其后/l/的(F2－F1)的数值进行了比较,发现所有发音人的元音时长与/l/的（F2－F1）值的相关性都小于0.35,包括实验中的 2 位德语本族人。也就是元音时长对音节尾/l/的清晰度的影响在该实验中很难得到验证。

我们对单个数据进行了进一步的考察,发现模糊[ɫ]的发音之前往往是后元音与央元音。因此,我们计算了每位发音人位于/l/之前的元音的第二共振峰 F2 的数值与位于其后的音节尾/l/的(F2−F1)的相关系数,统计数据显示在表 4.7 中。

**表 4.7　音节尾/l/之前元音的 F2 与音节尾/l/(F2−F1)的相关系数**

| 发音人编号 | 1 | 2 | 3 | 4 | 5 | 6 | 7 |
|---|---|---|---|---|---|---|---|
| 相关系数 | 0.715 | 0.586 | 0.808 | 0.587 | 0.804 | 0.380 | 0.340 |
| 显著性水平 | 0.01 | 0.01 | 0.01 | 0.01 | 0.01 | 0.05 | 0.05 |
| 发音人编号 | 8 | 9 | 10 | 11 | 12 | De1 | De2 |
| 相关系数 | 0.849 | 0.202 | 0.816 | 0.723 | 0.460 | 0.491 | 0.577 |
| 显著性水平 | 0.01 | —— | 0.01 | 0.01 | 0.05 | 0.01 | 0.01 |

从表 4.7 中不难看出,对于大部分发音人来说,/l/的(F2−F1)数值与位于/l/之前的元音的 F2 数值有很强的相关性,其中 8 位中国发音人和 2 位德语本族人的相关显著水平都高于 0.01。这一实验结果意味着后元音往往会促成音节尾/l/的模糊[ɫ]发音,而前元音则促成音节尾/l/的清晰发音。发音人中/l/的(F2−F1)元音的 F2 相关性比较低的 4 位是 6,7,9,12 号发音人。其中 3 位发音人(7,9,12)的音节尾模糊[ɫ]的比率也最高。该结果表明,尽管音节尾之前的元音为前元音,这 3 位发音人还是倾向于在音节尾产出模糊[ɫ],他们音节尾/l/的发音不受元音的前后位置影响。一般说来,/l/的模糊度增强,其语图便呈现出[w]或[ɫ]的特征,也称为元音化(vocalized)的/l/。Dodsworth(2005)观察到后元音会促使其后的/l/元音化,而前元音会减弱其后的/l/元音化。我们的实验也进一步证实了 Dodsworth 观察的结果。例如,在德语单词 Milch(牛奶)中的前高元音[I]之后,很多发音人继续保持前元音中较高的 F2 与较低的 F1,从而产出清晰[l],如图 4.14(a)所示。然而 7 号发音人却费力改变口型,降低 F2,产出模糊[ɫ],第二共振峰从[I]向[ɫ]过渡时下降的变化可以从图 4.14(b)中清晰地观察到。

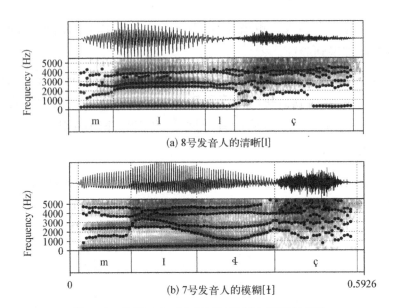

(a) 8号发音人的清晰[l]

(b) 7号发音人的模糊[ɫ]

图 4.14　单词 **Milch**(牛奶)的波形图、语图和标注

与此相反,在德语单词 *Golf*(高尔夫)中,后元音[O]之后大部分中国发音人继续保持较低的 F2,于是产出模糊[ɫ],如图 4.15(a)所示。而德语本族人却改变舌位,抬高 F2,产出清晰[l]。第二共振峰从[O]向[l]过渡时上升的变化可以从图 4.15(b)清晰地观察到。

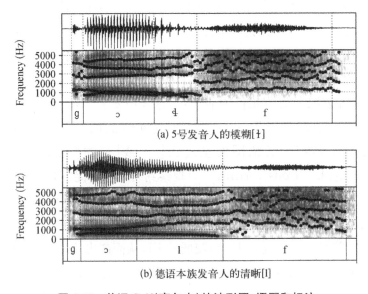

(a) 5号发音人的模糊[ɫ]

(b) 德语本族发音人的清晰[l]

图 4.15　单词 **Golf**(高尔夫)的波形图、语图和标注

### 4.3.2.2　听力评估实验

为了调查不同的音节尾[l]发音是否会造成感知上的差异,我们邀请了10 位德语本族人对部分音节尾[l]发音作出评估。如果对所有 490 个音节尾[l]都进行听力评估,时间太长,不利于评估人保持一致的评分标准。我们从 12 位中国受试者的 490 个[l]里面挑选出 81 个具有代表性的单词,从德语本族人产出的单词中挑出 15 个单词。所有的单词都随机排序,要求德语本族听力评估者给每个听到的单词中的[l]的发音一个总的评价,按 5 分制评分。其中 1、2、3、4、5 分别表示非常好、好、中等、不够、差。如果我们把3 分(中等)作为参照分数,81 个测试样本便可分成 3 组。12 个单词中[l]完全省略,平均分最差,为 4.41;34 个单词[l]的(F2-F1)值较低,为86.03 赫兹,平均分为 3.65;另外 35 个单词中[l]的(F2-F1)值较高,为1 209.66 赫兹,平均分最好,为 2.54。测试样本的(F2-F1)值与听力评估的评分见表 4.8。

表 4.8　听力评测实验结果

| 范　　围 | 1.70—3.00 | 3.10—4.60 | 4.10—4.80 |
|---|---|---|---|
| 评估平均得分 | 2.54 | 3.65 | 4.41 |
| 样本的总数 | 35 | 34 | 12 |
| (F2-F1)平均值 | 1 209.66 赫兹 | 863.03 赫兹 | 省略(无数值) |

实验结果表明,音节尾[l]得分较高的大部分是清晰/l/,得分较低的大部分是模糊[ɫ]。对数据进一步调查发现,很多模糊度较高的音节尾[l]得分也高于 3 分,这些[l]通常前面是后元音;而一些清晰度较高的音节尾[l]得分低于 3 分的,通常前面是前元音。这个实验结果表明,虽然德语中音节尾[l]应该产出清晰[l],但是德语本族人对位于后元音之后的模糊[ɫ]比对前元音之后的模糊[ɫ]更容易接受。

### 4.3.3　讨论与总结

在实验结果的基础上,我们对本节开头提出的问题可以给出一些解释:

　　(1) 一些德语习得者将英语中学到的音节尾模糊[ɫ]的发音方式应用到德语中，代替德语音节尾的清晰[l]。

　　(2) 虽然该实验的受试者具有不同的德语水平，但是由于人数有限，实验结果还不能证实音节尾/l/发音的清晰度是否与德语水平有关。但是，至少我们知道一些初级水平的德语习得者能够正确产出德语中音节尾/l/，而也有高级水平的德语习得者还保留音节尾产出模糊[ɫ]的习惯。依照外语习得理论，如果初级学习者的发音偏误来自第一外语的迁移，受到英语的影响，那么高级水平的德语习得者的发音偏误则来自母语的迁移。因为汉语中的 CV 结构容易使人习惯在音节尾以元音结尾，中国德语习得者便将音节尾/l/元音化或模糊化，这样更符合汉语的发音习惯。

　　(3) 本实验验证了这样一个事实：在发音方面，后元音有利于产出模糊[ɫ]，前元音有利于产出清晰[l]；在感知方面亦然，后元音之后的模糊[ɫ]容易被德语本族人接受，而前元音之后的清晰[l]听上去更自然一些。然而，因为本实验没有专门设计长短元音对立的语料，元音长短对立与音节尾/l/发音的模糊度相关性在本实验当中没有得到验证。关于这一相关性需要专门设计语料进行考察。

　　(4) 实验结果表明，音节尾/l/的发音会影响发音的总体评分，若音节尾/l/完全省略，没有任何声学实现，那么将会大大降低听力评估的得分，属于不太能容忍的错误。而清晰[l]的模糊度高些会让德语本族人听上去有点外国口音。

　　将来的任务是对音节尾/l/的发音现象设计更多的语料，采集更多的受试者语料。

　　汉语普通话中的音节通常以元音结尾，以辅音结尾的只有鼻音 n 与 ng。认知研究表明，音节以元音结尾时属于非标记性特征，比较容易习得；音节以辅音结尾属于标记性特征，比较难以习得。汉语大都以元音结尾，发音较自然，容易掌握；英语音节尾/l/发模糊[ɫ]或元音化模糊[ɫ]，也不完全算作标记特征，相对容易。而德语音节尾/l/的声学实现应为清晰[l]，属于标记性特征，不是很容易习得。德语音节尾需产出清晰[l]，这对母语是汉语的习得者来说是一大挑战，于是吸引我们关注这个问题，即中国德语习得者是否能在音节尾产出清晰/l/。本实验对 12 位具有不同德语水平的学生以及 2 位德语本族人的 490 个德语音节尾/l/的样本进行了考察。声学分析表明中国习得者的音节尾/l/比德语本族人的模糊度要高很多（Ding，Jokisch & Hoffmann，2011）。然而，由于实验数据有限，并未发现音节尾/l/的模糊度是否与德语水平相关。但是本实验揭示了位于音节尾/l/之前的后元音会促使音节尾/l/的元音化。在分析了 10 位德语本族人对中国德语习得者音节尾/l/发音评估的基础上，我们可以断定，在音节尾的发音为模糊[ɫ]会增加外国口音。本实验揭示了汉语与德语语音系统的不同，以及由此而造成中国德语习得者音节尾/l/发音上的困难，并能为学习德语语音提供一些启示与帮助。

在研究了元音与辅音之后，我们将在接下来的几章中关注中国德语习得者在超音段方面遇到的问题。

# 第 5 章

# 中国学生德语语调偏误

语调偏误通常包括音高、音长与音响方面的偏误。语调在声学方面的参数包括基频 F0、时长与振幅,其中基频 F0 在语调中起的作用非常大。当然在连续语流中,语调各参数需共同作用才能赋予话语表情达意的功能。本章首先分析中国德语习得者 F0 的特点,并在此基础上综合考察中国德语习得者在基频、时长和振幅方面与德语本族人的差异。

## 5.1 基频实验分析

与 F0 相关的语音特征是二语语音语调习得中重要因素之一。很多学者已经关注到在分析外国口音中二语习得者的基频 F0 变化起着举足轻重的作用,而与基频相对应的音高在感知评价习得者的口音当中也非常重要。在研究外国人学习英语语调方面,已经有很多学者做了相关的声学与感知研究,例如,Jilka 和 Möhler (1998)通过收集并分析德国人学习英语以及美国人学习德语的语音数据,并与本族人语音数据进行比较,总结了这两种语言 F0 变化之间的差异,以及他们习得彼此语言时在基频变化方面遇到的困难。Jilka 和 Möhler 阐述了基频变化的偏误造成德国人说英语的德国口音以及美国人说德语的美国口音这一事实。Kim 和 Lu (2011)调查了中国英语习得者在语调方面的问题。但是,还少有文献探讨中国德语习得者音高变化的特征。很多德国本族语老师对中国学生德语的最深印象是音高比德语本族人变化得频繁,而且幅度大。有经验的德国语言老师很容易便能从具有独特音高变化的中式德语中识别出中国学生。于是我们便对中国学生的德语基频变化做了一些评估调查以及相关的声学分析,并提供一些量化的数据来对此现象做出比较科学的解释。

汉语是声调语言，一般来说，每个音节都带有声调，不同声调的音节具有区别意义（Chao，1968）。我们说汉语时，也自然将音节与声调相结合。汉语基频起伏频繁，声调高低变化、起伏错落，听上去便抑扬顿挫或铿锵有力。而德语恰恰相反。德语是语调语言，每个音节不用声调区别意义，基频的变化不与音节相结合，而是与整个句子相结合。而且，德语的语调与其他语言的语调相比，更加平缓。无论是英语（Jilka & Möhler，1998）还是瑞士德语（Ulbrich，2006），其基频变化都比德国德语要活跃。综上所述，汉语中的基频高低起伏变化频繁，而德语中的基频趋于平缓，变化不大，在感知上汉语与德语的基频变化也完全不同。因此，调查中国德语习得者的德语基频变化特征以及德语本族人对此的评价非常有意义。

### 5.1.1　实验方法

本研究分为以下两个方面：

（1）实验的第一部分是邀请德语本族人做听力评估实验。我们要求他们仔细听辨中国德语习得者说的每个句子，然后对每句的语调给出总体印象分。评分使用平均意见分（Mean Opinion Score，MOS）的 5 分制体系。

（2）实验的第二部分是比较分析中国德语习得者与德语本族发音人口语语料的声学参数，包括以句子和音素为单位的平均音高、音域（pitch range，即音高变化的最高值与最低值之间的差值）等反映基频变化的重要指标。

在以下几节中，我们将介绍语料设计、受试者选择、数据录制等具体工作。另外，如何进行听力评估试验以及如何分析声学参数等实验步骤也将逐一说明。

#### 5.1.1.1　设计语料

如果随机选取口语语料，那么有的语言特征可能会重复出现，也有的会被遗漏，很难得出有代表性的实验结果。然而我们也无法使用无限的数据来穷尽所有的语言特征。因此，我们必须选择比较合理的、可操作的口语数量进行研究，期望这些数据尽可能覆盖比较多的语言现象，这样实验结果才不至于失之偏颇。因此，我们选取了 25 个语音与语调平衡的句子。这些德语句子当中包括尽可能多的不同辅音、元音音素、音节结构，以及不同的句子类型（如陈述句、疑问句等）。每位受试者被要求朗读同样句子。参加录音的受试者中包括 8 位中国德语习得者和 7 位德语本族发音者。每人朗读 25 个德语句子作为本实验的主要语料。

　　另外，我们还增加了一些额外的朗读口语语料辅助本实验的分析，包括这些中国受试者用汉语朗读的 6 句中国童话故事，以及 6 句通信技术方面的汉语说明。因此，该实验的主要德语语料和辅助汉语语料包括：① 由 8 位中国德语习得者产出的 200 句德语语料；② 由 7 位德语本族发音者产出的 175 句德语语料；③ 由以上 8 位中国受试者产出的 96 句汉语语料。

　　我们针对主要语料中中国发音人的 200 个句子进行了听力评估实验与声学分析实验。而对德语本族人产出的 175 句做了声学分析实验。辅助语料中的 96 句汉语只是提取其中的基频，作为比较的参照物。

### 5.1.1.2　受试者

　　因为初级或中级德语习得者朗读德语长句时容易出现太多的停顿、断句等错误，而这些错误对音高变化的研究会带来很多复杂的因素，从而大大增加发现关键问题的难度，所以我们选取了具有德语高级水平的中国受试者。挑选的 8 位受试者都是女性，都专门学过一年半以上的德语，而且都在德国生活过 3 年以上。她们大都是德国德累斯顿工业大学的学生和老师。这些受试者平时在生活和工作中使用德语与同学和同事交流，德语都说得非常流利。这些在德国生活了较长时间（其中有的已经长达十几年）的中国人说德语的音高语调变化在感知方面仍然与德国本族人有一定的差异，带着明显的汉语特征。我们兴趣的重点是了解她们德语的语调变化在哪些方面与德语本族人不同。为了能进行比较合理的对比，我们还邀请了 7 位德国本族女性发音人参加本实验。

### 5.1.1.3　口语数据录音

　　录音在专业的录音室内进行，录音条件与录音设备都达到录制语音合成声学语音库所需的高标准。采用 32 千赫采样率与 16 比特采样精度数码录音，录制的口语数据立即传到工作站数据库。笔者与一位德国语音专家监控录音的整个过程，包括录音前告知受试者录音的注意事项，调整麦克风等设备使其与发音人的姿势与音量相匹配，并在录制过程中及时纠正发音人误读的单词或句子。严格的录音程序能保证录制的口语语料质量,简化标注过程,提高分析结果的精度和可靠性。

### 5.1.1.4　听力评估实验

由于我们在选择本组发音者的时候对发音人的发音质量有很高的要求,所以我们认为本实验中德语本族人产出的德语没有外国口音,不再对这些语料进行听力评估,听力评测的对象是中国受试者朗读的德语句子。听力评测组由 10 位德语本族人组成,他们没有任何听辨方面的问题,是德累斯顿工业大学语音所的科研人员,其中不少是语音学方面的专家。每位听力评测人需要对所有 8 位中国发音人朗读 200 句给出评分。评分标准采用 5 分制的平均意见分,1 分表示非常不好,以致听不懂;5 分表示非常标准,能与电台标准德语相提并论。听力评估在计算机上通过屏幕自行操作。首先给出例子让评测者熟悉 1~5 分的标准各是什么,以便评测者打分时能自信地给出合理的分数,并能保持测试前后一致。200 个句子的顺序全部打乱,随机排列。该听力评估虽然持续得比较长,但是语音室的科研人员做得都很认真,所以评估质量能够保证。

### 5.1.1.5　声学分析

首先运用德累斯顿工业大学语音所开发的自动标注软件对主要语料(包括 15 个发音人的 375 个句子)进行自动标注,然后由笔者和一位德国语音学家对这 375 个句子的标注进行人工修正。利用 ESPS(Entropic Signal Processing System)中的程序自动提取所有发音人的平均音高和音域,音高和音域的数值分别以句子和音素为单位。辅助语料中的 96 个汉语句子没有进行语音标注,只提取平均基频值用于比较。

### 5.1.1.6　音域的量化

过去很多声学实验考察语音信号的音高往往以赫兹的绝对值为单位进行比较。但是这一做法不是很科学,因为我们的耳朵感知音高的变化不是以赫兹为单位,而是以赫兹的对数为基础。当音高的数值低于 1 千赫兹时,以赫兹为单位的音高绝对值几乎趋于直线型(S. Stevens & Volkmann, 1940),而当我们讨论音高变化或语调类型时,往往对音高的变化(pitch changes)感兴趣,也就是关注音高上升和下降的幅度。所以为了分析音高变化,以赫兹为单位的基频绝对值应转化为以半音(semitone)为单位的音高值。这样，不论德语本族发音人还是中国习得者，尽管她们的平均基频数值相差甚远，她们音高的变化就有了可比性。通常以100赫兹为参照数值，以赫兹为单位的基频值便能换算为以半音为单位的音高值。Fant等人（2002）提出以下转化公式，该公式被广泛采用，我们也使用该公式归化所有发音人的基频值：

$$f(\mathrm{st}) = 12 \log_2 \left( \frac{f(\mathrm{Hz})}{100(\mathrm{Hz})} \right) \tag{5.1}$$

$f(\mathrm{Hz})$是以赫兹为单位的基频，$f(\mathrm{st})$是以半音为单位的归化音高。根据Fant等人的观点（2002），通过该公式归化后的数值进行相互比较就能得出语调曲拱（调型）中比较重要的差距。而且通过归化后的半音单位能更好地描述人所感知到的音高变化。

### 5.1.2　实验结果

实验结果分为两个部分，即听力评估实验结果与声学分析结果。

#### 5.1.2.1　听力评估实验结果

如我们之前所介绍的一样，虽然这些在德国生活了很多年的中国受试者能说非常流利的德语，德语本族人仍然认为她们德语的音高变化带有外国口音。图5.1显示了所有8位受试者的MOS得分，平均印象分MOS从3.29到3.97不等。8位中国发音人的标号为"中1～中8"。

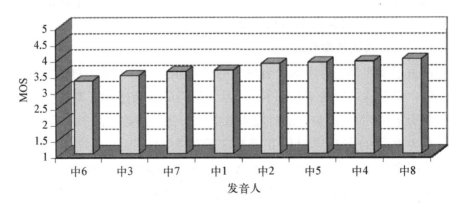

图5.1　中国受试者口语音高评估结果

德语本族评测者在给出主观印象分之后还给出这样的评注：他们对每个句子口音的评分大部分受语调影响，超音段的因素远远大于音段的因素。这正好与我们的目的不谋而合，说明语料设计与受试人的选择是相匹配的，因为这些具有德语高级水平的受试者在音段方面的问题不是很明显。尽管个别发音人可能在某些音上有些偏误，但听上去基本能够接受，评估者的注意力便能放在音高变化的语调上。如果哪个句子的音高听上去有些别扭，那么评估人便认为该句有外国口音，MOS 得分也较低。很多评估人进一步解释，他们比较喜欢听语调平缓、音高较低的发音人的德语；而不太习惯语调变化频繁、音高较高的发音人的德语。这与我们前面分析的德语与汉语系统的差异也非常一致。

### 5.1.2.2　声学参数的比较

在得到德语本族人的评测分数和评注解释后，我们非常有必要研究音高的变化与外语口音之间的相关性。

接下来，我们将在句子层面和音素层面上对中国德语习得者和德语本族人的平均基频和音域大小做个比较。

### 1）平均音高

因为连续语音分为浊音部分和清音部分，一般说来只有浊音部分才有基频 F0，所以我们在语音信号的浊音部分每隔 10 毫秒取一点，并提取该点的基频值 F0，平均基频值即浊音部分所有点上的基频值的平均数。基频的平均值以赫兹表示，通过公式（5.1）转化为以半音为单位的音高平均值。

有些中国受试者朗读德语句子的基频与朗读汉语句子的基频不同，她们说德语时会将说话的音高加以调整。这一现象可以从图 5.2 中清楚地观察到。中国受试者的平均音高显示在图的右侧。每位中国发音人的音高又区分为德语和汉语音高，左边的长条以"德语句子"表示，是 25 个德语句子音高的平均值，而右边的长条以"汉语句子"表示，是 12 个汉语句子的平均音高。德语与汉语的朗读文本都包括了不同题材和风格的文字，这样由于语言风格引起的两种语言的音高差异可以忽略。从图 5.2 可以看出，其中两位中国受试者，即 4 号与 2 号发音人（中 4 和中 2）说汉语时平均音高很高，而当她们朗读德语时则降低了音高，所以她们左边的长条明显比右边的要短一些。其他中国受试者朗读德语和汉语时使用类似的平均音高，有的汉语高些,有的德语高些,变化不是很大。从图 5.2 中可以看出两位受试者下意识地降低她们的基频,弥补德语与汉语语音的差异,让她们的德语听上去更地道一些。所有中国受试者朗读汉语句子的平均音高为 14.07 半音,朗读德语句子的平均音高为 13.56 半音。由于有两位降低了音高,朗读德语句子的平均音高要比朗读汉语句子的稍低一些。

　　而德语本族发音人的平均音高则更低,为 11.73 半音。图 5.2 中左侧表示的是每位德语本族人朗读与中国受试者相同德语句子的平均音高。其中 5 号发音人(德 5)是一位专业播音员,她的平均基频比较适中,为 192 赫兹(或 11.29 半音)。这样的音高在德国女性中被认为是比较标准的。

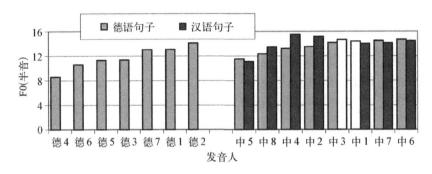

**图 5.2　德语本族发音人与中国受试者的平均音高值比较**

　　中国受试者的德语句子的平均音高与德语本族人给她们的 MOS 主观印象分有一定的相关性。相关系数为 $r = -0.81$,相关的显著水平为 $p = 0.016(0.01 < p < 0.05)$。因为显著水平大于 0.05,小于 0.01,可以认为平均音高对总体印象有一定影响,但并无重要的影响。也就是说,中国受试者的平均音高对于德语本族人来说并非微不足道的因素。例如,德国评测人比较偏爱平均音高较低的中国发音人,如 5 号和 8 号发音人(中 5、中 8),德国评测人反映她们的音高变化听上去比较柔和,非常舒服。

　　2) 以句子为单位的音域大小

　　另一项我们比较感兴趣的是以句子为单位的音域大小是否影响评测人的评分。提取每句中最高音和最低音的基频值,通过以下公式计算以半音为单位的音高关系,即音域值:

$$st = 12 * \log_2 \left( \frac{f0_{max}}{f0_{min}} \right) \qquad (5.2)$$

图 5.3 的中国受试者音域值是每位发音人 25 个德语句子的平均音域值。

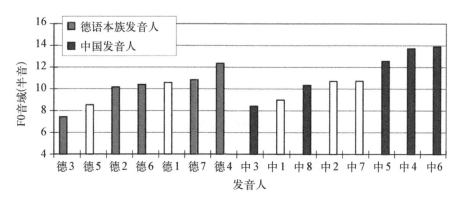

图 5.3　以句子为单位的音域

尽管中国受试者的平均音高比德语本族发音人要高不少，但是以句子为单位的音域值只比德语本族发音人稍微高一点，中国受试者为 2.11，德语本族人为 2.01。这说明虽然中国受试者在音节上音高变化高低起伏频繁，然而在整个句子上音域的变化并不比德语本族人高。

我们进一步计算出中国受试者 MOS 得分与以句子为单位的音域的相关系数。Pearson 相关系数为 $r=0.073$，以句子为单位的音域大小与 MOS 得分似乎没有任何相关。语调得分低的受试者有的音域比较大，如 6 号发音人（中 6）；也有的音域比较小，如 3 号发音人（中 3）。而 MOS 得分较高的受试者也同样有音域高的和音域低的。

3）以音素为单位的音高变化

德语本族人一般语调比较平缓，不像汉语中音高的升降变化与音节相结合。在德语中音高的升降与句子的类型有紧密的联系。比如在一般疑问句的句末，音高便出现明显的上升。在图 5.4(a) 中，我们可以看到 5 号德语专业播音员（德 5）的音高曲拱在句子的末尾明显上升。该句子 *Sollen wir mitgehen?*（我们应该跟你一块走吗？）是一般疑问句。

然而，6 号中国受试者（中 6）除了在疑问句的句末音高上升得很快，还在句子的第二个音节上 sollen（即加粗的音节）也有明显的上升现象，如图 5.4(b) 所示。第一个单词中附加的音高升降让德语本族人听上去不是太自

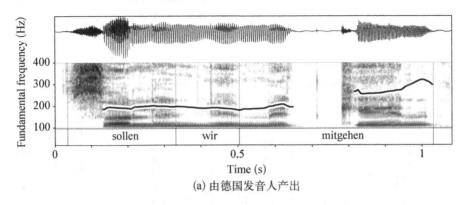

(a) 由德国发音人产出

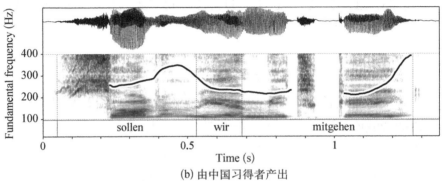

(b) 由中国习得者产出

**图 5.4　疑问句的音高曲拱**

然,因此,6号受试者的 MOS 得分也比较低。

图 5.4 中的音高曲拱非常有代表性。德语发音人音高与句调相结合,而中国受试者将汉语音高变化的习惯带入德语中,把音高变化与音节相结合。而具有过多音节音高变化的德语听上去就不太像德语的语调。

4) 以音素为单位的音域大小

我们进一步以音素为单位计算每位发音人的音域数值。因为只有浊音的音素才有基频数值,所以我们只计算了浊音音素的音域大小。每位发音者都产出 238 个浊音音素,每位发音人的音域显示在图 5.5 中。

中国受试者以音素为单位的音域数值与其 MOS 得分呈现出一定的相关性,Pearson 相关系数为 $r = -0.71$,显著性为 $p = 0.048(0.01 < p < 0.05)$。因为相关系数为负值,表示音节上的音域越小,德语本族人给的评分却越高。

这就表明,如果音素上的音高变化过大,德语本族人更容易感知到令他

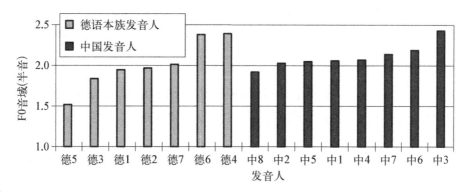

图 5.5　音素层面上的音域值

们不习惯的中国口音。中国受试者中音素上音域数值较大的有 3 号(中 3)与 6 号(中 6)发音人。这两位也是德语本族人认为外国口音比较明显的两位发音人。而 8 号(中 8)、2 号(中 2)、5 号(中 5)、4 号(中 4)受试者音素上的音域数值相对较小,德语本族人便认为她们的语调比较自然,更容易接受。

非常有趣的是,5 号德语专业发音人的平均音高比较适中,不是最高,也不是最低,以句子为单位的音域值相对较低,而以音素为单位的音域值为德国发音人中最低的一位。

### 5.1.3　讨论与总结

很多语音研究者通过对德语与其他语调语言的对比发现,德语的语调比较平缓,听上去音高变化幅度不大:

- Jilka 和 Möhler (1998)证实美国德语习得者的美国口音来自过多的音高变化,而德语本族人的音高变化相对而言比较少。
- Ulbrich (2006)发现德国德语的音域在句子层面上比较大,而瑞士德语的音域则在音素层面上比较大。而这个区别导致了德国德语听上去比瑞士德语的语调要平缓一些。

以上文献中的实验结果在我们这个实验中得到了很好的验证。与德语本族人相比,中国德语习得者的音高起伏过于频繁,音高变化幅度也过大;

但是中国德语习得者的音域与德语本族人相比,在句子层面高得不多,而在音素层面上却高出很多。这些音高变化的偏误带来了语调上的中国口音。如果能将这些偏误尽量克服,那么外国口音便不再明显。

虽然本实验的受试者不是很多,但是由于语料的设计与受试者的选择以及听力评估比较合理,语料标注和实验分析非常细致,我们可以认为实验结果具有一定的代表性。

综上所述,中国德语习得者音高的偏误来自非语言因素与语言因素两个方面。

首先,从生理方面来说,中国人身高不如德国人高大,声带也比德国人要短,于是平均音高比德国人要高不少。而且,从文化方面来说,中国电台广播中播音员声音的音高一般比较高,中国人也比较喜欢平均音高较高的高亢语调,而德国人对此不太习惯。其次,从语言方面来说,汉语是声调语言,而德语是语调语言。汉语和德语属于不同类型的语言,音高的变化各有特征。中国德语习得者习惯在音节上过多地变化音高,导致中介语中音素的音域过高,不太符合德语的语调习惯。通过这个实验,我们能够表明,中国德语习得者德语的中国口音:

- 与其平均音高有一定相关;
- 与音素音域大小也有一定相关;
- 而与句子音域大小无关。

对于音高实验还有以下几点需要说明:

- 尽管我们发现以半音为单位的音素层面上的音域大小与中国口音有一定的相关性,但是半音的差别还比较小,不能够完全解释中国口音的由来。这应该仅仅是其中因素之一,其他引起中国口音的因素还有待进一步研究。很多因素叠加在一起,便形成了特有的带有中国口音的德语。
- 本节开头所提出的中国习得者音高变化过于频繁,只是通过具体的音高曲拱观察到,还缺乏量化直接验证。

这两项不足将会在以后的实验中用更多的统计数据进一步说明验证。

　　关于声调语言与重音语言之间哪种语言更具动态的问题,Eady(1982)曾经调查过汉语与英语基频 F0 的变化情况。表示动态的参数包括以下内容:① 语言的浊音部分每 10 毫秒 F0 的平均变化率;② 基频 F0 调型曲拱每秒上下起伏的平均次数;③ 基频 F0 调型曲拱每音节上下起伏的平均次数。Eady(1982:38)发现"汉语普通话受试者基频 *F0* 的变化率比美国受试者高。汉语 F0 调型的特点是以时间与音节数量为函数,表现出更多的起伏变化(更多的高峰与低谷)"。Eady(1982)接着又指出"······中国受试者汉语的基频 F0 变化比英语受试者呈现出更多的动态运动,然而 *F0* 音域对于两者来说几乎一样"(Eady,1982:38)。Eady 的结论揭示了汉语语言的生动活泼性主要不从音域中体现出来,而更多的是从一截截时间窗(time window)中捕捉到的频繁动态运动中表现出来。Eady 的这个断言也为我们将来进一步考察中国德语习得者中介语中音高变化的偏误指出了更清晰的方向。

　　Hirst(2003)表明不同类型的语言展现出不同 F0 变化的特征,他使用 Momel 方式呈现了英语与法语基频的不同变化。给我们的启示是,我们也可以使用 Momel(Hirst,Di Cristo & Espesser,2000)软件和 INTSINT(Hirst & Di Cristo,1998)算法来比较汉语与德语之间的区别以及中国德语习得者与德语本族人德语之间的差异。

　　本实验调查了中国德语习得者德语的平均基频及音高变化的音域值对其德语口音的影响。首先由 10 位德语本族人对中国受试者的德语进行听力评估。接着我们对 8 位中国受试者与 7 位德语本族人朗读语料进行了语音声学分析。分析结果表明中国受试者的平均音高以及音素层面上的音域都比德国人要高,而且与听力评估的总体得分有一定相关性。实验结果表明汉语中基频变化频繁的特征对习得德语平缓的语调有一定的负迁移作用(Ding,Jokisch & Hoffmann,2006)。

## 5.2　韵律实验分析

　　由于汉语普通话是声调语言,音节的音高变化能区别音节不同的意义;

而德语是语调语言,音高的变化是用来表示句子功能方面的意义。当中国学生学习德语时,必须学习全新的音系系统(phonological system)与新的音系规则,以及不同的语音实现(phonetic realizations)。如果中国德语习得者的德语听上去不像德语本族人说的德语,而带有中国口音,那么有两种可能性。我们可以举一个例子说明。德语单词 abrufen(召回)可以分成 3 个音节,音标如['ap-ru:-f@n]。因为重音符号标在最前面,那么语音产出中的第一个音节应该比第二个或第三个音节显得突出才正确。如果中国学生没能将第一个音节突出,有两种可能性。一是他不知道重音应在第一个音节,而把重音放在第二个音节,因而读成了[ap-'ru:-f@n],那么这就是一个音系问题(phonological problem);第二种可能性是他学过了重音规则,努力将重音放在第一音节,比如他尽量将第一个音节读得更响、更长,但是听上去还是属非本族语言(nonnative),这便是一个语音问题(phonetic problem)。因为德语本族人可能不是通过响度与时长来表示重音,而是通过提高音高来实现重音,所以中国德语习得者无论是用错了声调类型(tonal categories),还是用错了声学策略(acoustic strategies),都会造成最终发出的单词听上去不像正宗的德语。声调类型(tonal categories)的错误属于音系范畴,声学策略(acoustic strategies)的错误属于语音范畴,无论哪种错误都会造成韵律偏误。只有掌握了音系规则并能正确使用语音策略,才能说出比较地道的德语。大部分中国德语习得者已经有英语学习的经验,汉语的音系规则同时潜移默化地影响德语的发音,因此,中国德语习得者便会呈现出一些独特的韵律特征,本节我们将对此进行一些考察与分析。

连续语流中的语调与韵律在声学中一般使用基频、时长和响度这 3 项参数来表示。而这些韵律特征也可以用来表示言语的语言学功能。于是本节就考察中国德语习得者如何运用时长与基频来表达德语的交际目的,并与德语本族人进行比较,找出差距所在。

### 5.2.1　实验方法

研究语调韵律有不同的模型,其中 ToBI(Tone and Break Indices)语调事件(intonational events)与特定的话语意义(discourse meanings)相关

联。因此,本实验采用声调串接模型(tone sequence model)的方法来研究语调。而 ToBI 在不同的语言中根据不同的音系系统使用不同的符号标注,我们这里使用 G-ToBI 来标注德语语调。本实验主要回答以下问题:

- 中国德语习得者是否使用不同于本族人的声调类别来传达交际意图?
- 如果文本中注明需要重读的音节,中国德语习得者是否使用不同于本族人的声学策略去实现指定的声调类别?
- 中国德语习得者在语调方面的主要声学偏误有哪些?
- 不同水平的中国德语习得者(如初级、中级、高级)在语调方面的表现是否相差很大?

### 5.2.1.1　受试者

本实验分成两个部分:中国发音人德语产出的声学分析以及德语本族人对中国发音人德语的听力评估。在语音产出实验中,有 12 位中国学生参加,年龄在 20～25 岁之间。德语水平的级别按以下定义:

- 初级水平的学生学了 450 小时的德语,也就是 18 周,每周 5 天,每天 5 节课(18 周×5 天×5 节＝450 小时);
- 初级水平的学生学了 900 小时的德语,也就是 36 周,每周 5 天,每天 5 节课(36 周×5 天×5 节＝900 小时);
- 高级水平的学生学了 5 年的德语,是同济大学德语系硕士生。

2 位在同济大学留学的德国学生被邀请参加发音实验作为参照对象,其中一位是女性(22 岁),另一位是男性(20 岁)。所有的受试者都是同济大学的学生,中国学生的德语口语带有明显的中国口音,两位德国发音人说标准德语,没有方言口音。

### 5.2.1.2　实验数据描述

朗读文本应该包括德语中不同的语调组(tune),用以表达主要的交际意图。由于实验中需要初学者参加,因此句子必须足够简单,便于初学者流利地朗读。Baumann、Grice 等人(2000)列举的常见调核曲拱(nuclear contour)的例句与短语能满足本实验语料的要求,于是其中的 16 个短句子便用来作为这次实验的语料。

因为中国受试者需要朗读两遍语料,共计 384 句,即 16 个句子×2 次×12 个受试者。而德国发音人只需朗读一遍语料,共计 32 句,即 16 个句子×2 个发音人。于是我们一共收集了 416 句录音,即 384+32 句。在听力评估实验中,我们邀请了 5 位德语本族人来评估其中 65 个中国德语习得者产出的德语句子。

### 5.2.1.3　语料收集与分析

语料是在一间安静的房间内录制的,采用 16 千赫与 16 比特的数码录音。每位中国受试者被要求朗读两遍。第一遍只告诉受试者该句需要表达的意图,受试者需要自己决定哪些音节重读才能表达所要求的交际目的。第二遍除了告诉受试者意图以外,还告知哪些音节应有重音或次重音,才能准确地表达其意图。受试者则需要自己决定如何运用语音手段去实现这些重音和语调的要求。

于是,第一遍让受试者念的句子中所有的字母都使用同样的字体,比如句子 *Mein Zahn tut weh.*(我的牙痛。)。每句后面都写明需要传达的交际意图。我们向中国受试者解释,他们需要使用合适的语调将每句话的意图传达出来,受试者都表示已经明白。第二遍让受试者念的句子中使用不同字体的字母来表示重音,比如在句子 Mein ***ZAHN*** *tut* WEH 中,大写的粗体单词表示核心音节(nuclear syllable),非粗体的大写单词表示核后重音(postnuclear stress)。我们认为德语本族人不需要被提醒哪些音节重读才能实现其交际目的。因此,2 位德国的发音人只需朗读一遍,朗读文本中的所有字母使用同样的字体,不注明需要重读的音节,但标明了每句话需要表达的交际意图。

分析中国受试者第一遍朗读的、没有标记重读音节的语料主要是考察受试者是否能选择合适的语调组来传达交际意图。而分析第二遍朗读的、有标记的文本是比较中国习得者在通过语音实现声调类别中,是否使用与德语本族人不同的策略。

### 5.2.2　实验结果

实验结果分成产出实验与听力评估实验两个部分,而产出实验中的声学统计是实验结果的重点。

#### 5.2.2.1　听力评测实验

为了保证每位听力评估者评测的时间控制在 1 小时之内,我们从 16 个句子中选取了 5 个句子作为听力评测实验的内容,即第 1、4、6、9、12 句。用于听测评估实验的句子是中国习得者第二遍朗读的句子,也就是朗读的文本中已经注明了需要重读的音节。这 5 个德语句子分别是:

- *Mein Zahn tut weh.*(我的牙疼。)(表示陈述)
- *Das weiss ich schon!*(我已经知道这事)(不言而喻的断言)
- *Tauschen Sie auch Briefmarken?*(你也交换邮票吗?)(选择疑问句)
- *Beckenbauer?*(接电话时自报姓名)
- *Guten Morgen!*(早上好)(日常问候)

评估实验中有 13 位发音人,包括 12 位中国受试者与 1 位德国女性发音人,共有 65 句,即 13 位发音人、每人 5 个句子(13 个人×5 个句子)。我们先让德语本族人做了一个听力测试,发现他们很难判断一个句子是否具有地道的德语发音,一般很难将元音辅音的发音与语调分开打分,于是我们就让他们给出总体的印象分。我们先向德语听力评测者说清楚听力评测的做法。每位评测者被告知,一共有 5 个不同的德语句子,每句需要表达的交流意图等等。听力评测者每听完一个句子,需要给出两个分数,第一个分数表示该句的交流意图表达得如何,第二个分数表示该句的语音语调是否地道。评分采用 MOS 的 5 分制,其中 1～5 分分别表示"差""不够""中等""好""非常好"。这些评分的规则先向每位测试者做了介绍,并让他们在评测之前听了几个例子,明确评测的标注。我们还要求评测人尽量写出哪些因素让他们认为该句不像地道德语,有中国口音。听力实验在计算机上进行,每位评测人能自己掌握评测时间与进程,评测人每句也可以多次播放,直到能确信地给出分数。

其中德语本族人每项得分几乎为满分。中国德语习得者的得分情况在图 5.6 中显示出来。

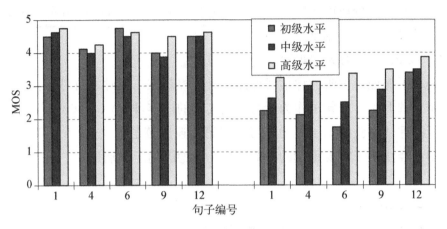

图 5.6    中国受试者 MOS 得分

注：左边的分数表示交际意图表达得如何；右边的分数表示句子的语调是否带有中国口音。

图 5.6 的左边与右边分别表示交际意图是否明了与语调是否地道的得分结果。从该图上我们不难看出，中国受试者以下句子的交际意图能够表达得很好：第 1 句的陈述、第 6 句的一般疑问句、第 12 句的日常问候。但是第 4 句不言而喻的断言、第 9 句接电话时自报姓名表达得不是很好。然而，所有中国受试者语调都带有一些口音，MOS 从 1.8 到 3.9 不等。语调最好的句子是第 12 句日常问候的 *Guten Morgen*，最不好的句子是第 6 句一般疑问句 *Tauschen Sie auch Briefmarken?*。德语本族人对交际意图表达方面的评分与受试者的德语水平没有显著相关。根据德语本族评测人的评注意见，我们发现高级水平的受试者在音段方面表现得比低级受试者好。高级水平的受试者在某些辅音与元音发音方面要比中级和初级水平的受试者更加准确(Ding, Jokisch & Hoffmann，2007)。

### 5.2.2.2    语音产出实验

我们将中国德语习得者朗读的德语句子与德语本族人进行比较，以考察中国受试者在时长、声调类别以及音域方面有哪些偏误。

(1) 时长过长。首先，我们把每句的时长做了一个比较。中国受试者与德语本族人的统计数据可参考图 5.7。

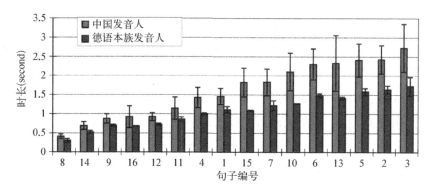

图 5.7　中国受试者与德语本族人句子时长的比较

从图 5.7 中我们可以看到,句子越长,中国发音人与德语本族人之间的差距就越大。其实,并非中国受试者故意放慢朗读速度,他们也是以习惯的速度朗读,但是速度就是比本族人慢些。如果我们进一步考察句子的语图就能发现,德语本族人有更多的弱化音节,相邻音素之间的协同发音现象更加普遍(Kröger,1993)。而中国受试者很少将音节弱化,努力将每个音素发音到位,才过渡到下一个音素。中国高级德语习得者的水平的要比初级水平的习得者朗读速度稍快些,但差异也不太显著。

(2)停顿的地方不合适。中国受试者需要更长的时间朗读同一个句子,不只是因为他们缺少德语中特有的协同发音的能力,还因为他们在句子当中有不少停顿,有时候停顿的地方不是很合适,比如在语调短语(Intonation Phrase,IP)的内部停顿,有时候甚至在单词中间停顿。我们统计了一下,发现在语调短语内的停顿有 384 处,占总时长的 8.1%,停顿的时长从 86 毫秒到 1 019 毫秒不等,太多的停顿使听者感知到言语的节律受到影响。

(3)使用不合适的语调类别。我们对中国受试者第一遍朗读的语料进行统计发现,在 192 个句子(16 个句子×12 位受试者=192 个句子)中,有34.4%的音高重音(pitch accent)位置不对,22.4%的边界调不对。例如,陈述句 *Mein ZAHN tut WEH.* 中的核心音节应为 **ZAHN**,核后重音应为 *WEH*。而中国受试者往往读成 *Mein Zahn TUT WEH.*,不是把 *ZAHN* 作为核心音节,而是将倒数第二个音节 ***TUT*** 作为核心音节。最典型的边界调错误出现在疑问句的末尾,中国发音人通常用下降的边界调 L-% 代替上升的边界调 H-^H%。

　　（4）使用不同的语音策略实现语调类别。我们研究中国受试者第二遍朗读的句子，也就是注明了重音音节的句子，发现中国受试者使用不同的策略来实现德语的重音。德语本族人通常以提高重读音节的音高来表现凸显，而中国受试者一般通过延长重读音节的时长来实现重音。如果中国受试者使用音高变化来表现凸显，采用的音高变化策略与德语本族人亦不相同。

　　我们可以从下面两个图中清晰地观察到这一现象。在图 5.8(a)中，一位中国男性受试者采用高降的音高重音(H* +L)来强调该音节(图中使用椭圆标出)。而在图 5.8(b)中，德语本族发音人则使用上升的音高重音 H* 来实现该陈述句中的语音凸显(在图中用椭圆标出)。实际上，德语的 ToBI(GToBI)声调系统(tonal inventory)没有包括高降调(H* +L)，因为高降调很少出现在标准德语当中(Grice & Baumann，2002)。但是高降调会频繁出现在中国德语习得者的德语语调中，因为高降调与汉语中的第四声非常相似。

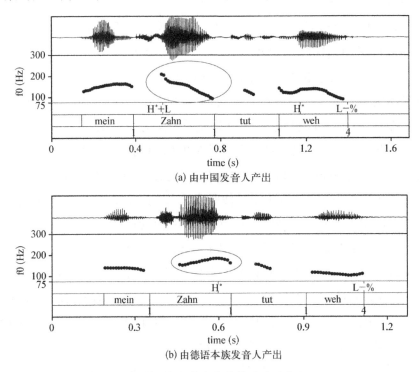

图 5.8　中国发音人与德语本族发音人的德语陈述句(**Mein Zahn tut weh.** 我的牙疼。)的波形、F0 以及标注的比较

　　(5) 语调短语的音高起点过高。德语的语调平缓,没有很多升降起伏。在一般疑问句的结尾,音高会上升到比较高的水平,而疑问句的起点则保持比较低的水准,这样音高曲线便不会有太多的变化。在一般疑问句当中,德语本族人的音高起点通常比较低,处在发音人音域的下半部;而中国受试者的音高起点通常比较高,处在发音人音域的上半部。如图 5.9(a)所示,一位中国男性受试者第一个音节的起点几乎就在其高音线(topline)上(图中用椭圆标出);而德语本族人的音高起点很少从高点开始,如图 5.9(b)所示,一位德语本族人的第一个音节的音高几乎位于其低音线上(baseline)(图中用椭圆标出)。这个现象几乎在每位中国受试者的一般疑问句中都能观察到,这也是导致中国受试者一般疑问句的语调不够地道的原因之一。

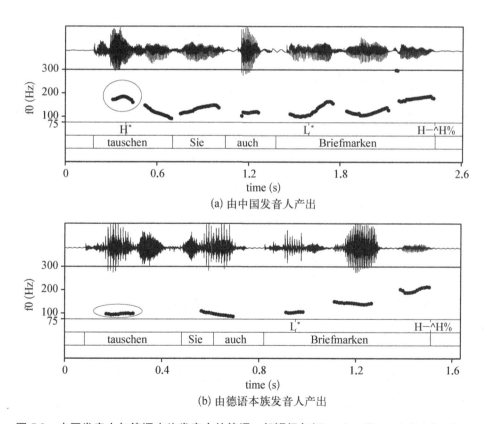

图 5.9　中国发音人与德语本族发音人的德语一般疑问句(**Tauschen Sie auch Briefmarken**? 你也交换邮票吗?)的波形、**F0** 以及标注的比较

（6）过多的音高变化。另外一个在语调方面的偏误便是我们在第 4 章中主要讨论的内容，也是声调语言与语调语言在语音方面的主要区别之一，即中国受试者句子的音高变化过于频繁。同样可以参照图 5.9（a）和图 5.9（b），中国受试者的基频变化起伏比德语本族人显得频繁。基频 F0 曲线上升、下降多次，才在最后到达句子的结尾；而德语本族发音人的基频 F0 曲线一开始很低，一直保持低的水准，直到结尾才向上提升。

（7）过高的音域变化。这一点我们在上一节基频变化的偏误中也详细探讨过，这里得到进一步的验证。中国受试者能够在很短的时间内（如在一个音节内）急速提升或降低音高数值，使得音节上的音域值高于德语本族人；而德语本族人不习惯很快提升或降低音高数值，音节上的音域值一般都不太高。即使个别音节的音域有点高，但一个句子音节上的平均音域值也不会高。我们在上一节中讨论过，使用半音表示音域，音节上的音域差值比较小，不是很明显。我们这里比较一下句子上的音域数值。因为中国人的平均基频比较高，女性平均基频为 274 赫兹，男性基频为 179 赫兹；而德国人的基频比较低，女性发音人为 227 赫兹，男性发音人为 123 赫兹。中国受试者每个句子的最大基频与最小基频以赫兹表示的平均差值比较大，以半音表示的音域差值也还比德国发音人稍高一些。中国女性（中-女）受试者为 12.4 半音，男性（中-男）为 10.6 半音；德国男性（德-男）为 8.3 半音，女性（德-女）为 7.1 半音。中国受试者与德语发音人每个句子的音域值见图 5.10。我们必须指出，并不是每个句子都是中国受试者显现出更高的音域值，在一般疑问句中（如图中第 6 句），德语男性本族人的音域会更高一些。因为他们的平均基频比较低，同样的基频变化，以半音表示则在感知上音高的变化会更多。这也从另一个角度说明，中国受试者句子的音域相对较高并非对于所有的句子类型都适用，而是有一定的前提条件。

### 5.2.2.3　声音喜好实验

我们还进行了一项有趣的声音喜好实验（Ding, Hoffmann & Jokisch, 2017）。在语音合成的技术相似的情况下，大家对语音合成系统的喜爱受语音合成声音的影响较大。因此，我们每次做语音合成系统之前，选定一个大家喜爱的声音非常重要。人们对一个发音人声音的喜好往往受两方面的影响，一是受发音人嗓音的影响，另一方面是受发音人特有的语音语调的影

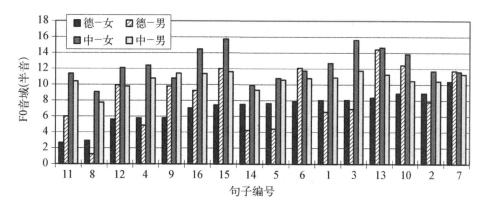

图 5.10　中国受试者与德语本族发音人音域值的比较

响。我们非常想知道没有学过德语的中国人喜欢的德语发音人是否跟德国人喜爱的发音人一致。

首先,我们选取了 9 位德国标准的女性发音人,每位发音人阅读了两个长的德语句子。这样我们得到了 18 个德语长句的录音。我们又找了 10 位德国本族人和 25 位没有学过德语的中国大学生作为受试者,每次将不同发音人的同一个句子播放给受试者,让受试者从两个声音里面选择一个喜欢的声音。通过这种方式将 9 位发音人的不同句子两两进行了比较。最后按德国和中国受试者的喜好,把 9 位德语发音人进行排序。另外,我们还把 18 个句子的各类声学参数提取以后,进行了统计与比较。

实验结果发现中国受试者与德国受试者对德国发音人的喜好有很强的相关性。这说明虽然这些中国学生对不懂德语,但是对嗓音的喜好与德国受试者有一些共性。另外,我们还发现比起德国受试者,中国受试者对德国发音人声音的喜好判断与发音人基频变化的相关度更高。而且中国受试者更喜爱基频不太高、基频变化幅度不太大的发音人的声音,他们认为这样的声音更具德国特点,与我们以上本族语与中国二语习得者的基频研究的结果相似。

### 5.2.3　讨论与总结

我们在此对以上的实验做一些总结,并提出将来可能改进之处。

#### 5.2.3.1　初步的实验结果

外语习得者与本族语发音人的语调差异是由很多复杂的因素引起的。

本实验只是对这个复杂的问题做一个初步的探索。通过对中国德语习得者与德语本族语发音人在语调重要参数方面的比较,我们可以总结出一些经验。

因为德语语言基频走势平缓,没有大的起伏升降,中国受试者在语调方面的偏误与美国德语习得者比较相似。据 Jilka 实验报道(2000),美国德语习得者的语调偏误表现在较大的音域和句子起始的音高过高。在本实验中,中国受试者暴露出同样的特征。然而,美国英语与德语同属重音语言,而汉语则属于声调语言,虽然这两个偏误或许是由德语独特的语调特点造成的,但是由于汉语与德语的差距比英语与德语的差距更大,很多汉语与德语之间的差距还造成了中国习得者在德语语调方面其他的偏误。比如中国习得者需要更多的时间朗读同样的德语句子,我们也可以从汉语与德语属不同语言类型方面做出解释:

- 德语是重音节拍(stress-timed)语言,而汉语是音节节拍(syllable-timed)语言。中国德语习得者不太习惯弱化德语中的非重读音节,这样中国受试者朗读的语速便受到限制,所以朗读句子所用的时间就比德语本族发音人要长。

- 另一原因是汉语音节主要是辅音加元音(CV)的结构,大部分汉语的音节是以元音结尾的开音节。我们在第 3 章中讨论了中国受试者处理以辅音结尾的闭音节的常用策略,即在辅音音节尾加上一个元音。这种做法在这个实验中也得到了验证,在辅音音节尾加上一个元音便产生另一个开音节。这样即使朗读同样的句子,中国受试者也需要朗读更多不必要的音节,于是他们需要更多的时间来朗读同样的句子。这种做法也影响到语言的节律感知(Hilbert et al., 2010)。

在对实验结果进行分析的基础上,我们现在可以对实验开头提出的几个问题给出一些答案。对于前两个问题,答案应该是肯定的,我们可以举例说明;对于后两个问题,我们需要给出一些详细的解释。

(1) 中国德语习得者确实使用不同的声调类别来传达交际意图。中国受试者不习惯使用上升的边界调表示一般疑问句,因为汉语一般疑问句中使用疑问词"吗"来表示疑问,音高变化不是主要的。而我们分析的音高曲线对于没有上下文的表示客气的一般疑问,特别是在朗读的语料中是有效的。在有上下文的口语环境中,一般疑问句的语调曲线也许会有变化。

(2) 中国德语习得者确实使用不同的声学策略去实现指定的声调类别。中国受试者一般偏爱使用高降音高重音(H* +L)来凸显重读音节,而高降音高在德语中并不常见(Baumann, Grice, et al., 2000; Grabe, 1998),德语本族人使用音高提升来强调凸显。

(3) 中国德语习得者在语调方面的主要声学偏误可总结如下:

- 在不合适的地方停顿,非重读音节不够弱化;
- 音高重音与边界调所在的位置不是很合适;
- 使用不同的语音策略去实现重读音节;
- 音高变化过于频繁,音域差值稍显高;
- 语调短语的起始音高稍显高。

(4) 中国德语习得者不同水平的学生(如初级、中级、高级)在语调方面的表现相异不是很大。

德语高级水平的中国受试者总体印象得分比低级水平要高,但据德语本族评测者反映,主要区别是在音段上的发音,而在超音段方面区别不大。这说明国内的德语教学比较注重音段特征,而对超音段特征的重视不够,超音段的语音教学还有待加强。

### 5.2.3.2　今后研究的改进方案

一般说来,本族语者对二语习得者的语音语调带有外国口音的感知来自很多小的音段和超音段偏误的叠加。超音段方面的因素比较复杂,一般可以从表示语调的声学参数入手,也就是音高、音长与音强三个方面分析。其中比较重要的,或者我们现在可以用实验手段研究的因素是音高与音长。我们这里只对超音段的音长与音高方面的偏误做了一个探索性的初步考察。今后对超音段方面的研究需要用更多的量化统计数据进行说明。

为了能让初级德语水平的中国受试者参加本实验,语料选取了比较短的句子。但是短句的缺点是无法反映更多语调方面的特征。比较长的句子更适合用来研究语调偏误，也许今后将不同水平的受试者分开、针对高级水平的受试者设计比较长的句子，更能够找到每个语言水平的习得者问题的症结所在。在本实验中，交际意图不言自明的断言（self-evident assertion）与接电话时的自报姓名（answering the phone）在德语本族人评估中表现得不够明了。究其原因，一是因为不言自明的语调对于中国受试者来说有点困难，不如平时使用的问候语普遍，在中国接电话时也没有主动介绍自己姓名的习惯，这种语调也不常用；另一原因也许是缺乏可以依赖的词汇因素。如果设计长一点的句子，有上下文，那么实验的结果将会更有说服力一些。

　　本实验只是从声学方面考察了中国德语习得者与德语本族人语调方面的差异。若要证实这些差异确实导致了语调带有中国口音，还需进一步通过语音合成的方式，在控制其他因素的情况下进行验证。这个实验只是起到一个抛砖引玉的作用，更有意义、更加深入的研究将是下一步的研究内容。

### 5.2.3.3　韵律标注

　　在本实验中我们采用了 GToBI 来标注中国德语习得者的德语韵律，遇到了一些问题，在这里讨论一下，有助于以后实验的改进。

　　使用 ToBI 标注中国德语习得者的德语比较困难。首先，使用 ToBI 标注声学数据非常费时。如同 Syrdal、Hirschberg 等（Syrdal et al.，2000：137）指出的一样："美国英语的 ToBI 标注所需时间通常是实际语音数据的100 到 200 倍。也就是说，10 秒钟的语音片段需要花费 17 到 33 分钟的时间来进行 ToBI 标注。"因为 ToBI 标注如此耗时，很多学者动脑筋加速这一手工操作，研究出自动标注 ToBI 的软件，比如自动标注英语的（Rosenberg，2010），自动标注德语的（Braunschweiler，2003），还有自动标注其他语言的。然而，这些自动标注的结果不完全可靠，还需要进行大量的人工修正。

　　ToBI 标注本身需要很多主观的判断来决定。尽管在自动标注的基础上进行了人工修正，非专家与专家之间也存在很多差异，即使在专家之间，也会有很多分歧意见（Grice，Reyelt et al.，1996），因而标注的差异无法完全避免。而标注中国德语习得者的数据则难上加难：一是标注人不是德语本族人，对有些标注不是很确信；二是这些中介语当中有很多德语 ToBI 系统中没有的语调，不知该如何处理。对于大型二语习得者的数据库标注，

ToBI 也许并不是一个好的标注方法,既费时又难以做到准确统一。这对今后进行二语习得者语调标注也是可以借鉴的经验。

　　本节中的实验首先证实了中国德语习得者在韵律方面带有中国口音,并从声学方面分析了韵律参数的偏误。本实验选取了 12 位具有三个不同德语水平的受试者,每位受试者被要求朗读 16 句德语句子,并被要求朗读两遍:第一遍指出该句应该表达的交际意图,需要受试者自己决定哪些音节需要重读才能最佳表达交际目的;第二遍不但说明句子要表达的交际意图,而且指出哪些音节需要凸显才能传达交际的意图。我们还邀请了两位德语本族人参加语音产出实验,作为产出实验的参照标准。我们选择其中一些句子,并邀请德语本族人进行听力评估。我们对 416 个短句与短语进行了声学分析,实验结果表明中国德语习得者韵律方面的偏误既有音系方面的(Ding,Jokisch & Hoffmann,2012a),如使用不恰当的声调类别;也有语音方面的,如运用不同的语音策略实现声调类别。在语音实现方面还存在更多细节上的不同,如疑问句的起始音高偏高,音高变化过多过大,常在不合适的位置停顿,以及没有将非重读音节弱化等等。这些细节叠加,形成了独特的带有中国口音的德语语调。

# 第6章

# 中国学生德语节律偏误

节律偏误是指语言节拍模式方面的差异。每种语言在不同的音节间都有一定的节拍规律，而偏离了该语言的节拍规律，就会造成节律偏误。本章在探讨重音节拍语音与音节节拍语言的节律区别之后，将对中国德语习得者中介语中元音段的时长占句子总时长的百分比(%V)、辅音段时长的标准差($\Delta$C)以及加音现象进行实证考察。

## 6.1 重音节拍与音节节拍

Pike (1945)和Abercrombie (1967)将世界上的语言按节律特征分成两大类：重音节拍语言和音节节拍语言。从感知的角度分析，重音节拍语言的两个重音之间感知到的时长大致相等，而音节节拍语言每个音节感知到的时长趋于相同。德语和英语通常被认为是典型的重音节拍语言，汉语普通话传统上则被看作音节节拍语言(Lin & Wang, 2007)。然而等时性假设只是一个直觉的结果，未能得到声学实验的证明。

近几十年来，很多学者开始放弃等时性的验证，转而寻求音节或重音间的时长相关性来继续证明存在不同节律类型的语言。Ramus 等人(1999)将话语分为元音段和辅音段，用元音段的时长占句子时长的百分比和辅音段时长的标准差将语言大体划分为重音节拍语言和音节节拍语言。通过实验证明音节节拍语言的元音段时长比例大于重音节拍语言，而辅音段时长的标准差则小于重音节拍语言。Grabe 和 Low(2002)引进元音成对变异指数(Pairwise Variability Index of Vocalic Intervals，nPVI)来测量相邻两元音段时长变化的差异，以及辅音成对变异指数(Pairwise Variability Index of Consonantal Intervals，rPVI）来测量相邻两辅音段时长变化的差异。实验发现重音节拍语言的元音成对变异指数较大，音节节拍语言（包括汉语普通话与西班牙语）的元音成对变异指数较小。

Lin 等（2007）按照 Ramus 等（1999）与 Grabe 和 Low（2002）的方法通过实验测量了中国发音人的四个参数：元音段的百分比、辅音段时长的标准差、元音成对变异指数和辅音成对变异指数，发现除了元音成对变异指数，其他指数都表明汉语普通话属于音节节拍语言。

这两个声学指标在一定程度上反映了音节结构的区别：音节节拍语言的音节结构相对简单、辅音较少，所以元音在音节中所占比例较大，因而元音段的百分比较高；而重音节拍语言的音节结构相对复杂、辅音较多，往往存在辅音丛且长度不等，因此辅音段时长的标准差相对较高。德语作为典型的重音节拍语言，音节结构远比汉语要复杂。因为 ％V 和 ΔC 都是表示语音时长的参数，所以话语的速率对这两项参数会有些影响（Ramus et al.，1999；Grabe & Low，2002）。于是不少学者通过改变说话速度的快慢，观察这两项参数的变化，Barry 等（2003）与 Dellwo 和 Wagner（2003）发现德语中 ΔC 与话语的速率成反比。

世界语言中存在两种不同的节律。很多研究已经证明，如果母语与目标语分属不同节律类型的语言，那么母语的节律会对目标语的节律造成负迁移。Ling 等（2000）报道了新加坡英语节律参数（nPVI - V）受到汉语母语的影响；Gut（2003）描述了德语习得者的母语分别为汉语、英语、法语、意大利语和罗马尼亚语的中介语中的几个参数（ΔC，％V，nPVI - V）受到不同的母语节律特征的影响；Lin 和 Wang（2005）发现中国习得者的加拿大英语节律参数（ΔC，％V）受到母语汉语的影响。显而易见，具有音节节拍的汉语节律会对具有重音节拍的德语带来负迁移，因为汉语没有辅音丛与元音弱化。节律方面的差异不仅造成超音段方面的偏误，而且也会带来音段方面的偏误。

## 6.2　％V 与 ΔC 研究

德语通常被认为是重音节拍语言，重读音节与非重读音节之间的重要区别之一便是音节的时长(Kohler,1977)。一个常见的例子便是很多非限定性动词的词尾音节-*en* 常常读成音节化辅音(syllabic consonant)。例如,单词 *laufen*(步行)通常读成/laUf=n/而不是/laUf@n/。词尾音节的央元音/@/弱化直至不再出现,/@/与/n/结合,读成音节化的元音/=n/。而德语的音节结构也非常复杂,韵核元音的前面后面都允许辅音出现。位于前面的音节首辅音可多达 3 个,位于后面的韵尾辅音可多达 4 个,于是德语的音节结构可以表示为(CCC)V(CCCC)(Kohler,1977)。其中音节首辅音或韵尾的辅音都可以不存在,但是必须有韵核的元音才能构成音节。或者韵核也可以由音节化的辅音构成,比如以上提到的单词 *laufen*(步行)当中的/f=n/。而相比较而言,汉语的音节结构比较简单,一般由一个或一个以上的元音作为韵核,可以允许一个音节首辅音或辅音组合,汉语的音节结构一般可以写成(C)V。然而,除了鼻音-*n* 和 -*ng* 以外,汉语不允许其他的辅音作为韵尾辅音。音节首的辅音可以不存在,但是元音一般不能弱化。德语与汉语之间音位(phonotactic)规则的不同可能影响中国德语习得者在产出德语过程中的辅音段与元音段之间的时间分配,并进一步影响其语音语调。

二语习得研究者认为母语的节律一般会对目标语的节律产生迁移作用。Gut(2009)描述了母语为汉语,英语、法语、意大利语、罗马尼亚语的德语学习者的节律参数 ΔC,%V 等受母语影响的现象。但是,在她的实验中,只有 4 位中国受试者,我们在这一节介绍的实验中考察 18 位中国德语习得者节律方面的特征,并对其中 10 位受试者跟踪三个月,进一步做一个历时性的调查(Ding & Hoffmann,2015;Ding & Hoffmann,2014;Ding & Jäckel,2013)。

### 6.2.1　实验方法

本实验采用 Ramus(1999)的实验中所描述的研究方法来研究 18 位中国德语习得者与 6 位德语本族发音人朗读的 240 个句子节律方面的特性。我们找到了十几位具有相同德语水平的中国德语习得者,他们第一次参加录音时刚刚到达德国一个月。他们的德国语言老师发现他们说的德语具有非常明显的音节节拍,于是我们将他们说的德语与德语本族人做比较,探索节律方面的差异。为了能与 Ramus（1999）所描述的语言类型进行对比,我们采用 Ramus 的标注方法。

录音的语料使用德累斯顿工业大学(TU Dresden)语音所开发的德语自动标注软件进行自动标注,然后进行人工修正。人工标注分成以下两个步骤,在 Praat(Boersma & Weenink,2019) 上进行:

(1) 语音切分:将所有的句子切分成德语的音素;

(2) 分类:将不同的音素分成元音与辅音。

第一步就是标注句子的音素。在这个环节中,我们采用大家普遍接受的 Peterson 提出的标准(Peterson & Lehiste,1960)。我们借助听觉与视觉,仔细修改自动标注的结果,包括仔细辨听每个音素、认真辨析语图等,尽量做到最佳的精度。语图、波形与共振峰值(特别是第一和第二共振峰值)的任何变化都作为视觉方面切分语音的信号。如果在塞音、塞擦音与鼻音前面有明显的闭塞段,就进一步切分为闭塞段与爆破段。在图 6.1 中我们举一个例子说明音素切分的规则,其中音素标注在第二层上。

第二步任务是将音素归类于元音与辅音。为了能够与 Ramus 的结果进行比较,我们也采用 Ramus 的归类标准(Ramus et al.,1999):元音前以及元音当中的滑音算作辅音,而元音之后的滑音归于元音。归属元音类的包括短元音、长元音、非重读央元音/@/、元音前喉音/?/(在图 6.1 中用/Q/表示/?/)以及元音化的 r(/6/)。归属辅音的包括塞音、塞擦音、摩擦音和响音(鼻音与流音)。如何将音素归类于元音(V)与辅音(C)参考图 6.1 中标注的第一层。

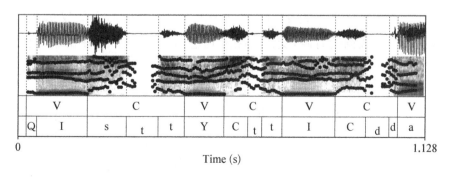

**图 6.1**　音素的切分以及元音与辅音段的归类

根据图 6.1 归类之后，我们便能测量元音段与辅音段的时长：

- 元音段时长（vocalic intervals）：表示连续的元音总的时长；
- 辅音段时长（consonantal intervals）：表示连续的辅音总的时长。

测量了上面所提的两项数值，我们便能计算出每位受试者每个句子以下的两个重要变量：

- %V：元音段的时长占句子总时长的百分比；
- ΔC：句子中辅音段的标准差。

语音标注的标准比较清晰，对于音素边界的标注基本上没有什么问题，特别是德语本族发音人的语料标注不存在争议。而标注停顿，特别是如何标注中国德语习得者的停顿不是非常容易。塞音爆破前与鼻音前的短暂闭塞部分属于塞音与鼻音的一部分，不能标注为停顿。如果句子中有较长时间的停顿或犹豫不决的部分，而且无法算作前后任何一个音素的时候，该段无声部分或呼吸部分便标注为停顿，使用下划线符号"_"。任何两个的相邻辅音如果被"_"（表示停顿、犹豫或呼吸部分）隔开，将在之后的计算中删除停顿部分，合并成一个辅音段。对于相邻的两个元音被停顿隔开，也使用同样的方法处理。

### 6.2.1.1　受试者

我们招募了 18 位中国德语习得者作为受试者，其中包括 10 位男性与 8 位女性。这些受试者来自中国不同的地区，但是都说标准的汉语普通话。在收集第一次数据的时候，受试者刚刚到达德国一个月，并在德累斯顿工业大学同一个班内学习德语。三个月强化学习之后，收集第二次数据，这时受试者已经在德国生活了 4 个月。受试者的年龄从 22 岁到 28 岁不等。所有的人在来德国之前都学习了一年半的德语，在中国参加德语强化班的时间约达 1 200 小时。这些中国受试者无论在年龄、母语背景、学习动机、德语水平、在德国生活的时间方面都非常相似。我们还邀请了 6 位德语本族人参加本实验，其中 1 位发音人为男性，其余 5 位为女性。德语本族发音人的年龄在 22 岁到 30 岁之间，没有方言口音，在朗读方面也没有发现任何问题。

### 6.2.1.2　数据收集

第一次收集的数据包括两个部分的录音。在第一部分的录音中，每位中国受试者被要求朗读 65 个句子。在第二部分的录音中，德语本族老师对每位受试者进行一个面试，德语老师问一些个人情况以及德语学习方面的问题，受试者用自己的语言，用几句话对每个问题做一个简短的回答。每位受试者的面试时间大约为 5～7 分钟。

第二次收集的数据也包括两个部分的录音。首先，每位受试者也被要求朗读 65 个句子，其中 50 句与第一次数据收集的一样。另外 15 句用比较长的句子替换。第二次没有进行面试，而是要求他们朗读一段故事，即德语版的《北风与太阳》的故事。

另外，我们还邀请了 6 位德语本族人参加录音，录音只进行了一次。德语本族人被要求朗读 100 个句子，里面包括了中国受试者第一次与第二次朗读的所有句子，以便作为参照进行对比。

所有的语料录制工作都在德累斯顿工业大学语音所的录用室内进行。录音前，先把需要朗读的句子让每位受试者熟悉一下，确认他们没有生词，并能明白句子的意思。然后每位受试者在消声室内进行 44.1 千赫、16 比特的数码录音。录音由一位德国语音学专家监控录音质量以及受试者朗读情况。如果受试者遇到发音问题，将能得到及时纠正并重新录制，这样能确保收集到需要的语音数据，并能保证录音质量。

这次实验当中，我们只选取了 10 个朗读的句子，这些句子当中包括了不同的句子类型，句子中的元音与辅音的百分比也各不相同。因为节律的研究对标注的准确性要求非常高，因此，小的语料、精确的标注对实验结果的准确性更有利。而面试的德语支离破碎，很难用于声学分析和统计，只能作为参考。

### 6.2.2　实验结果

以下将对实验结果中 ％V 和 ΔC 的数值及其关系、时长与 ΔC 的关系以及加音现象（epenthesis）进行详细说明。

6.2.2.1　％V 与 ΔC 值

元音时长的比率与辅音的标准差是节律中最重要的两项参数,我们考察第一次录音中这两项数值的关系,并与三个月之后的数据进行比较。

1)％V 与 ΔC 的初始值

第一次收集的语料中,每位受试者 10 个句子的平均％V 与 ΔC 数值可参见图 6.2。

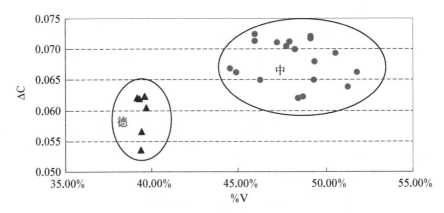

图 6.2　中国德语习得者(中)与德语本族人(德)元音段的
比率(％V)和辅音段的标准差(ΔC)比较

从图 6.2 中我们可以得出两个结论:

● 中国受试者元音段的比率％V 从 44.52％到 51.79％,而德语本族发音人元音段的比率％V 从 39.14％到 39.67％。中国受试者元音时长占总时长的比率比德语本族人要高。
● 中国受试者辅音段的标注差 ΔC 的范围从 0.062 到 0.072,而德语本族发音人辅音段的标注差 ΔC 的范围从 0.054 到 0.062。中国受试者辅音段的标准差比德语本族人略高。

2)％V 与 ΔC 的比较值

接下来我们比较一下经过三个月德语强化训练后,元音比率与辅音标准差是否有所改变。在图 6.3 中,％V 与 ΔC 是每位受试者 10 个句子的平均数值。德语本族人(德)用三角符号表示;中国受试者(中)在德国生活一个月(中-1月)的第一次录音的数值用圆点表示,在德国生活四个月(中-4月)以后的第二次录音的数值用方块表示。同一位中国受试者两次不同的数值使用直线连接。

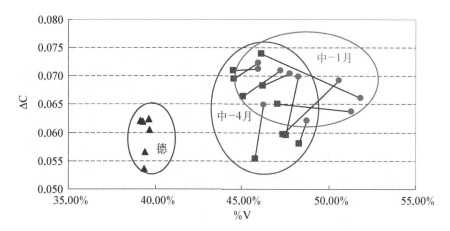

**图 6.3**　中国德语习得者(中)与德语本族人(德)元音段的
比率(%V)和辅音段的标准差(ΔC)历时比较

　观察图 6.3 中各点的变化情况,我们可以得出以下两个结论:经过三个月在德国的学习与生活,

- 所有 10 位中国受试者元音段的比率%V 都有所下降,下降幅度从 5.86%(45.93%~51.79%)到 3.79%(44.50%~48.29%),但仍然比德语本族人要高;
- 10 位中国受试者中大部分学生辅音段的标准差 ΔC 有所下降,但仍然比德语本族人略高。

### 6.2.2.2　时长与 ΔC 值

　我们知道在德语中时长与 ΔC 成反比。以下考察中国德语受试者的德语是否也呈现出这层关系。

　时长与 ΔC 的初始值前一节中我们讨论过,中国德语习得者朗读同样长的句子比德语本族人需要更多的时间,并做更多的停顿。也有很多文献表明二语习得者比母语者停段的次数更多这一特征非常明显（Matzinger et al.，2020）。这里的数据又一次验证了这个事实。第一次数据收集中所有 18 位中国受试者，以及 6 位德语本族发音人的时长统计数据见图 6.4。每位发音人的句子时长是 10 个句子时长的平均。

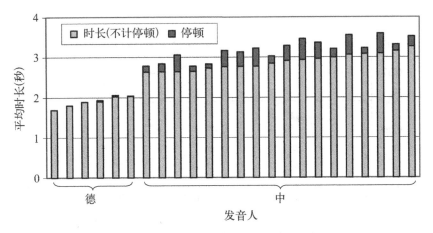

图 6.4　中国德语习得者（中）与德语本族人（德）句子时长比较

句子的时长又可以分为两个部分：

- 不计停顿的时长：该时长只包括元音段与辅音段，这段时长是我们用作计算 %V 和 $\Delta C$ 的总时长；
- 停顿：停顿出现在实际的句子中，包括无声段与呼吸、犹豫不决段。但是计算 %V 和 $\Delta C$ 总时长中不包括这些停顿段。

然而，停顿段一方面对计算语速十分重要；另一方面，停顿的多少也表示朗读者的流利程度。所以，我们在图中将停顿段的时长以及不计停顿的句子时长单独表现出来。三位德语本族人在朗读所有 10 个句子中没有做任何停顿，另三位德语本族人在所有 10 个句子中只停顿了一到两次，并且是在逗号处停顿。所有的中国受试者或多或少都有停顿，有些在合适的位置，比如在韵律短语之间停顿；有的在不合适的地方停顿，比如在韵律短语中停顿。

我们进一步计算了句子的平均时长与 %V 和 $\Delta C$ 的相关性，请参见表

6.1。在该表中发音人被分成两组：德语本族发音人与中国受试者。而句子的时长也分成两组：不计停顿的时长与包括停顿的句子总时长。对于德语本族人来说，$\Delta C$ 与包括停顿的总时长和不计停顿的时长都有非常显著的相关性，与前者的相关系数为 $r=0.949$，与后者的相关性为 $r=0.931$，显著水平在 0.01。中国受试者的 $\%V$ 与不计停顿的时长有一定的相关性，相关系数为 $r=0.508$，显著性水平在 0.05。德语本族人的句子时长与 $\%V$ 没有发现任何相关性；而中国受试者的时长与 $\Delta C$ 也没有发现相关性。

表 6.1　句子的时长与 %V 和 ΔC 相关性的比较

|  | 德语本族发音人 | | 中国受试者 | |
| --- | --- | --- | --- | --- |
|  | %V | ΔC | %V | ΔC |
| 不计停顿的时长 | 0.127 | **0.931** | **0.508** | 0.138 |
| 句子的总时长（包括停顿） | 0.027 | **0.949** | 0.301 | 0.212 |

　　经过三个月德语强化训练以后，我们进一步考察朗读速度与辅音标准差是否有所改变。在图 6.5 中，纵坐标表示的是 6 位德语本族发音人（德）与 10 位中国受试者（中）句子的平均时长。每位中国受试者左侧的长条表示刚到德国一个月时句子的时长，右侧的长条表示的是在德国生活了 4 个月之后句子的平均时长。

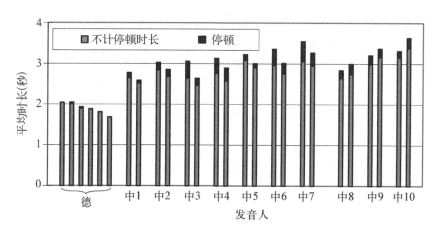

图 6.5　中国德语习得者（中）与德语本族人（德）句子时长历时比较

从图 6.5 中,我们可以清楚地看到:

● 7 位中国受试者句子的平均时长变短了,但是 3 位受试者句子的平均时长更长了。这说明大部分中国受试者在德国生活了三个月后,朗读的速率提高了,流利程度有所加强。其中读得更慢的 3 位也许已经习惯使用慢速度朗读德语;

● 所有中国受试者仍然需要比德语本族人更多的时间朗读句子,而且停顿的时间仍然比德语本族人长。

我们进一步计算了第二次录音的句子平均时长与 ％V 和 ΔC 的相关性,请参见表 6.2。表 6.2 与表 6.1 不同。表 6.1 显示的是 18 位中国受试者的数值,而表 6.2 显示的是其中 10 位受试者的统计数值。与表 6.1 相似,表 6.2 表明中国受试者到德国后 1 个月时,除了 ％V 与不计停顿的句子时长有一定的相关,没有发现 ΔC 与时长有任何相关性。而到德国 4 个月后,中国受试者的 ％V 与时长没有相关,ΔC 与时长却有一定的相关性。ΔC 与不计停顿的句子时长的相关系数为 0.6,与计停顿的句子总时长的相关系数为 0.548。

**表 6.2　句子的时长与 ％V 和 ΔC 相关性的历时比较**

| | 德语本族人 | | 中国受试者<br>(到德国 1 个月) | | 中国受试者<br>(到德国 4 个月) | |
|---|---|---|---|---|---|---|
| | ％V | ΔC | ％V | ΔC | ％V | ΔC |
| 不计停顿的时长 | 0.127 | **0.931** | **0.598** | 0.118 | 0.097 | **0.600** |
| 计停顿的总时长 | 0.027 | **0.949** | 0.284 | 0.275 | 0.081 | **0.548** |

### 6.2.2.3　中国受试者加音现象

如上几章所讨论的,中国受试者往往在音节尾的辅音后加上一个元音,通常是央元音 @,以至于增加了一个音节。在图 6.6 中我们可以看到这样的一个例子:这个短语本应该是...*jetzt seit sechs*...(现在已经有六……),大部分中国受试者在 *jetzt* 和 *seit* 后面分别加上了央元音 @。

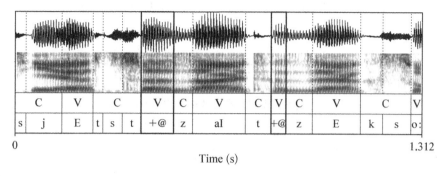

**图 6.6** 中国受试者的一段话语,包含了两个加音,以＋@表示

### 6.2.3 讨论与总结

在比较本实验与文献中的实验结果之后,我们对于我们的实验结果给出以下一些解释:

- 本实验的德语本族发音人的元音段时长比率比文献中(Ramus et al.,1999;Dellwo & Wagner,2003;Gut,2009)所报道的比率要稍低一些。元音段时长比率％V 往往与朗读材料有关,由于我们使用不同的朗读材料,％V 数值会存在一定的差异。另一个原因与发音人的发音习惯也有关。本实验中德语本族发音人一般将词尾 -*en* 和 -*el* 的组合弱化为音节化的辅音,标注时找不到原来的央元音,于是原来的元音便没有标出。这样就少了一段元音的时长,句子元音段时长比率的平均数便有所下降。

- 本实验中中国受试者的元音段时长比率％V 分布比较分散,比 Gut (2009)实验中报道的要高。因为本实验的受试人是刚刚到达德国的中国学生,还习惯于在音节尾的辅音后加上元音,于是增加了元音段的时长,％V 也随之升高。在汉语普通话中,据 Lin 报道(2007),％V 的数值在 56％ 以上。本实验中中介语的％V 在标准汉语与德语之间。加音现象通常出现在初学阶段(Ding,Jokisch & Hoffmann,2012a),随着德语水平不断提高,加音现象应该会逐渐减少。

- 本实验中的德语本族人的辅音段标准差数值 ΔC 处于文献(Ramus

et al.，1999；Dellwo & Wagner，2003；Gut，2009)报道的数值之间。这个差值是可以接受的，因为辅音段标准差数值与朗读的语速有关(Dellwo & Wagner，2003)，每个实验的朗读语速不一样，ΔC 也会有所差异。

● 本实验中中国受试者 ΔC 数值与 Gut (2009)报道的中国受试者的数值相似，但是本实验中的 ΔC 并没有达到 Gut 实验中有的中国受试者那么高，如高于 0.080。也许本实验中的中国受试者通常在音节尾辅音后加上一个央元音，或者将辅音丛中的辅音略去一到两个。这样就不太会出现很长的辅音段，辅音段的标准差 ΔC 也不会太大。在汉语普通话中，ΔC 的数值大约为 0.045 (Lin & Wang，2007)，比中介语的要小很多。

● 本实验中只有德语本族发音人辅音段的标准差 ΔC 与句子时长成正比，这个结果与 Dellwo 和 Wagner (2003)的实验结果一致。因为所有的德语本族发音人朗读的是同样的音节，句子的时长越长，语速越慢。这表明辅音段的标准差 ΔC 与语速成反比。

● 本实验中，中国受试者句子的时长与元音段的比率％V 成正比，因为中国受试者没有弱化非重读音节，或者额外加音。结果由于元音的时长过长而增加句子的时长，于是这之间便形成一定的相关性。

● 经过三个月德语强化学习，并与当地德语本族人的交流，中国受试者元音段的比率开始下降，而句子的时长开始与辅音段的标准差成正比。也就是说，他们说的德语向重音节拍语言靠近。据他们的德语本族语老师反映，他们的德语节律也确实有所改善。

Hirst (2009)指出，Ramus (1999)用以区别重音节拍语言与音节节拍语言的研究方法得出的结果应该非常稳定，因为元音段的比率与辅音段的标准差反映的是文本的韵律，而非言语本身的韵律。这个解释非常有道理。很多实验证明了这种说法，汉语普通话的％V 比德语高很多，而 ΔC 却比德语低很多(Lin & Wang，2007；Ramus et al.，1999)。实际上中国德语受试者朗读同样的句子，他们的％V 与 ΔC 应该与德语本族人相近。但是，这些中国受试者还属于中低级德语水平，他们在朗读时加音，不会弱化非重读元音,语速也非常慢,于是他们产出中介语的％V 与 ΔC 都比德语本族人高。换句话说,中国受试者改变了德语本身的节律,而产出节律方面带有中国口音的德语。

根据二语语音习得原理,目标语的语音语调是否地道与习得者接触目标语的时间长短与质量有很大的关系。有些研究表明,母语的迁移现象往往发生在外语习得者学习的初级阶段,随着在目标语国家居住时间的增加,母语的迁移影响不断减少。我们在三个月德语强化班结束之后进行了同样的实验,确实证明受试者德语的节律开始从母语向目标语靠近。

如文献(Ramus et al.,1999;Dellwo & Wagner,2003;Lin & Wang,2007)所报道的一样,重音节拍语言,如德语,元音段时长比率较低,而辅音段标准差较大;而音节节拍语言,如汉语普通话,元音段时长比率较高,而辅音段标准差较低。当中国受试者朗读德语句子时,因为德语文本特有的节律特点,他们中介语的元音段时长比率比他们朗读汉语普通话的元音段时长比率要低,但是仍然比德语本族人要高。原因之一是他们不会像德语本族人那样弱化非重读音节,另一原因是他们在音节尾辅音之后加入元音,从而得到如同汉语中的开音节 CV 结构。同样因为德语文本本身的特征,中国受试者产出的辅音段标准差比他们朗读汉语时要高出很多,甚至比德语本族人也高。根据文献中的解释,当语速降低时,德语的辅音段标准差升高,那么因为中国受试者朗读的语速比德语本族人慢,所以辅音段标准差就比他们的高。

本实验主要是研究中国德语习得者中介语的时长与节律方面的特征。如同我们在本章前几节中讨论的一样,很多学者使用元音段时长比率与辅音段标准差来区别重音节拍语言与音节节拍语言。在本实验中,我们调查了 18 位具有同样德语水平的中国受试者与 6 位德语本族发音人,并跟踪了其中的 10 位做了一个历时的调查。实验结果表明:

- 中国受试者的％V 高于德语本族人;
- 大部分中国受试者的 ΔC 高于德语本族人;
- 中国受试者的语速低于德语本族人;
- 经过语音训练之后,大部分的中国受试者的语速提高,％V 降低。

我们认为％V 与 ΔC 所反映的节律偏误主要是由中国受试者没有弱化非重读音节,在辅音丛中加音所导致的。他们节律方面的偏误与汉语节律的特征有关,受母语节律负迁移影响。随着德语水平的提高,这些偏误将得到不同程度的改进。

## 6.3　元音加音研究

我们在前几章中已多次提到,由于汉语的音系系统与德语不同,造成中国德语习得者在学习德语时遇到一些困难。德语的音节结构可表示为(CCC)V(CCCC)(Kohler,1977)。而汉语的音节系统一般可用(C)V 表示。我们在第 3 章曾讨论过,当德语中出现母语中没有的辅音丛时,中国习得者一般使用以下三种策略处理: 加音、省略与替换。很多学者通过对中国外语习得者的研究发现,中国外语习得者最常用的方式是加音与替换(Weinberger,1987; Hansen,2001)。Davidson(2006)认为加音是中国学生学习英语最偏爱的发音方式。我们在研究中国学生学习德语时,也得出类似的实验结果(Ding, Jokisch & Hoffmann,2010)。

此外,加音现象不只是音节尾辅音以及辅音丛发音的音段方面偏误,而且对超音段的韵律与节律都造成了一定的影响。加在辅音之后的元音增加了元音段时长的比例,而减小了辅音段标准差,从而改变了重音节拍语言的节律,使其向音节节拍语言方向靠近(Ding & Hoffmann,2013)。而在德语中,在某些单词的词尾辅音之后加上一个央元音(/@/),如果是名词,就变成了该名词的复数形式;如果是动词,就变成了该动词的过去式。中国德语习得者在词尾辅音之后加上不必要的元音,不仅会改变德语语言的节律,而且会改变他们本来想要表达的意义。本实验针对中国德语习得者的加音现象进行更深入的研究,探究在什么语音环境中最容易出现加音现象,哪个语言水平的习得者偏爱加音,以及加音现象是否会随着德语水平的改变而改变。

文献中对于二语习得中辅音丛发音的研究大都集中在英语学习方面(Weinberger,1987; Hansen,2001)。Weinberger(1987)发现词尾的辅音越长,那么发音时偏误越多。Hansen(2001)认为中国英语习得者使用的策略因词尾辅音长度的不同而不同：对于词尾单辅音而言，一般使用替换；对于词尾双辅音而言，一般使用加音；对于词尾三辅音而言，一般使用省略。以前的研究为我们提供了很多关于加音方面的重要的信息。然而很少有研究专门探讨什么样的语音环境会影响加音现象，以及如何影响。于是，本实验以此为出发点，重点考察不同的语音环境，如不同的音节首或音节尾辅音是否对加音现象有影响。本实验以中国学生学习德语为研究对象，这本身也是一个鲜有人尝试的领域。本实验将从母语迁移（native language transfer）、标记性特征（markedness）、发音响度（sonority）以及发音动作误时（gestural mistiming）方面进行探讨。

### 6.3.1　实验方法

本实验主要探讨以下问题：

（1）加音的策略是否由于辅音丛长短的不同而有所变化？

（2）语音环境对加音现象的出现是否有影响？

（3）什么样的语言学信息约束（linguistic constraint）影响加音的出现？

（4）加音的策略是否会随学德语时间的长短发生变化？

数据采集分为两次，第一次采集的数据用于探讨前三个问题，第二次采集的数据与第一次进行比较，用于探讨最后一个问题。

#### 6.3.1.1　受试者

第一次数据采集时，我们找到 18 位受试者，其中 10 位男性、8 位女性。他们来自中国不同地区，但都说普通话，没有方言口音。第一次录制语音时，这 18 位受试者刚到德国一个月，刚刚通过分级考试，通过笔试与口试之后，按德语水平被分在同一个德语强化班中准备 DSH 考试，即外国学生在德国大学学习必须通过的语言考试。受试者的年龄在 22 到 28 岁之间，他们在中国都学过一年半的德语，上德语课的时间总计达 1 200 小时。这些受试者德语属于中低级水平，他们在年龄、母语背景、学习动机、德语水平、在德国居住时间等影响语言学习的语言以及非语言因素方面都非常相似。于是在我们考察语音偏误现象时，便易于发现属于这种类型的学习者共有的偏误。其中 10 位受试者在 3 个月德语强化学习以后，参加了第二次数据采集。其中 5 位女性、5 位男性。另外，6 位德语本族人也参加了本实验，其中 1 位男性、5 位女性。他们的年龄在 22 至 30 岁之间，说标准德语，没有方言口音。德语本族发音人与中国受试者年龄相仿，有利于语音数据的比较。

### 6.3.1.2    数据采集

为了方便声学分析，我们只考察录音中的朗读语料。在两次语料采集中，受试者都被要求朗读 50 句德语，这些句子从 500 句的德语语料库中选出，包含尽量多的语音及语调现象。50 个句子中包括 614 个音节：音节尾中不同的单辅音有 11 个，不同的双辅音有 16 个，不同的三辅音有 16 个；音节首中不同的双辅音有 15 个，不同的三辅音有 3 个。所有的录音都在德累斯顿工业大学语音所的录音室内进行。我们先给每位受试者足够的时间熟悉需要朗读的 50 个句子。因为这些句子中包括了很多口语化的用语与谚语，我们事先还用汉语解释了句子的意思。对于比较长的单词，我们也事先在课堂上教过发音，确保每位受试者对朗读的句子没有意义方面或者是发音方面的问题。实验采用 16 比特、44.1 千赫的数码录音。整个录音过程由一位德国语音学专家监控。

### 6.3.1.3    数据分析

我们一共需要分析 1 700 句德语，包括第一次录音的 18 位中国受试者、第二次的 10 位中国受试者以及 6 位德语本族人。每次每人朗读 50 句，总计为 $50 \times (18+10+6) = 50 \times 34 = 1\ 700$ 句。1 700 句德语先用德累斯顿工业大学语音所研发的德语自动标注软件进行标注，然后由笔者与监控录音的德国语音学专家使用 Praat (Boersma & Weenink, 2019) 软件进行人工修正。人工标注时特别注意是否出现元音加音现象。采用视觉与听觉的判断标准，如果在语图中能清晰观察到共振峰结构，并能听辨出附加的元音，那么就标注成加音。

## 6.3.2    实验结果

我们先从宏观的方面介绍实验结果，然后再看细节方面的实验结果。

### 6.3.2.1    加音现象综观

我们发现在双辅音、三辅音组成的音节首，以及单辅音、双辅音、三辅音组成的音节尾都出现插入类似中性元音（schwa-like）的现象，这类现象我们称为插音或加音（epenthesis）。18 位受试者第一次录音中加音出现在音节尾的次数可参见图 6.7。

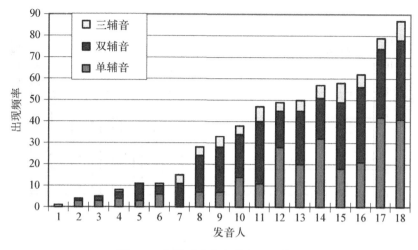

**图 6.7　中国受试者音节尾加音情况**

从图 6.7 我们能看出,18 位受试者加音次数相差很大。加音总次数从 1 到 87 不等,平均加音次数为 35.72。从图中我们也能发现由三辅音组成的辅音丛加音的绝对次数少于单辅音或双辅音。但是如果我们比较一下表 6.3 中音节尾辅音的总数"音节尾辅音的总数"与加音出现的比例"加音的百分比",就不难发现由三个辅音组成的音节尾的加音百分比最高。

**表 6.3　不同辅音数的音节尾加音的百分比**

|  | 单辅音 | 双辅音 | 三辅音 |
|---|---|---|---|
| 音节尾辅音的总数 | 4 824 | 1 134 | 180 |
| 加音的百分比(%) | 5.4 | 27.5 | 39.4 |

通过一个双样本 t 检验发现,单辅音与双辅音的音节尾出现加音的百分比有显著的差异,$p < 0.05$($t = 2.162, df = 5\ 956$)。虽然出现在单辅音之后的加音绝对次数多于出现在双辅音之后的加音,但是双辅音之后的加音百分比高于单辅音,而且非常显著。尽管三辅音之后加音的百分比非常高,但是并没有发现显著差异,因为三辅音丛的数量有限。

受试者音节首出现加音的现象远远少于音节尾的加音现象。音节首加音通常出现在双辅音或三辅音丛。音节首加音的情况可参见图 6.8。由于数量有限,双辅音丛与三辅音丛的加音次数没有发现显著区别。

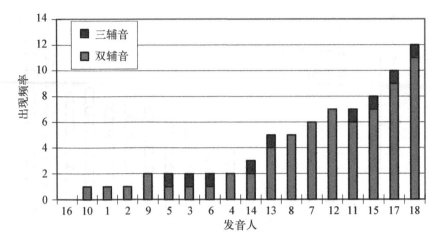

**图 6.8　中国受试者音节首辅音丛加音情况**

同样,我们也将所有中国受试者的"音节首总数"与其音节首"加音百分比"进行对比,具体数值可参见表 6.4。从表中可看出三辅音丛的音节首比双辅音丛的音节首更容易出现加音现象。

**表 6.4　不同辅音数的音节首加音的百分比**

|  | 双辅音 | 三辅音 |
|---|---|---|
| 音节首总数 | 540 | 54 |
| 加音百分比(%) | 12.4 | 16.7 |

比较表 6.3 与表 6.4,我们很容易发现音节首辅音丛的总数以及加音的总数都比音节尾的辅音总数与加音总数少很多。于是下面我们主要关注音节尾辅音之后加音情况。

### 6.3.2.2　音节尾的辅音

德语中有 24 个辅音,因为德语中有词尾辅音清化规则(word final devoicing),还有一些音位约束规则(phonological constraint),只有 12 个单辅音会出现在音节的末尾。我们采集的数据中包括了所有 12 个单辅音。这 12 个辅音之后出现的加音总数可以参见图 6.9。

非常明显,辅音/t/之后加音的数量遥遥领先。我们进一步调查发现,辅音/t/出现在词尾的频率也高出其他辅音。我们比较了一下本实验语料

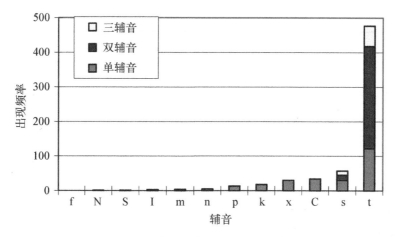

图 6.9　不同的词尾辅音之后出现加音总数

中辅音的"总数",以及相应辅音之后出现加音的"百分率",比较的数值可参见表 6.5。我们很容易发现塞音/t/、/k/、/p/以及软腭摩擦音/x/相对其他辅音来说,更容易引起加音现象。

表 6.5　不同词尾辅音之后加音的百分率

| 辅音 | 词尾单辅音 | | 词尾双辅音丛 | | 词尾三辅音丛 | |
| --- | --- | --- | --- | --- | --- | --- |
| | 加音百分比(%) | 辅音总数 | 加音百分比(%) | 辅音总数 | 加音百分比(%) | 辅音总数 |
| f | 0 | 72 | — | 0 | — | 0 |
| S | — | 0 | 5.56 | 18 | 0 | — |
| n | 0.27 | 1 854 | — | 0 | — | 0 |
| l | 1.04 | 288 | — | 0 | — | 0 |
| N | 1.39 | 72 | — | 0 | — | 0 |
| n | 1.85 | 216 | — | 0 | — | 0 |
| s | 3.47 | 864 | 6.94 | 216 | 16.67 | 72 |
| C | 6.09 | 558 | — | 0 | — | 0 |
| p | 12.04 | 108 | — | 0 | — | 0 |

续 表

| 辅音 | 词尾单辅音 | | 词尾双辅音丛 | | 词尾三辅音丛 | |
|---|---|---|---|---|---|---|
| | 加音<br>百分比(%) | 辅音总数 | 加音<br>百分比(%) | 辅音总数 | 加音<br>百分比(%) | 辅音总数 |
| x | 13.89 | 216 | — | 0 | — | 0 |
| k | 16.67 | 108 | — | 0 | — | 0 |
| t | 26.07 | 468 | 32.89 | 900 | 54.63 | 108 |

### 6.3.2.3 音节首音素

有研究推测,不但音节尾辅音的性质与在其之后加音的现象有密切联系,而且下一个音节或下一个词词首的音素也会影响该音素之前是否出现加音现象。因为音节尾的/t/是引起加音现象最多的辅音,于是我们只考察以/t/结尾的音节的下一个音节或单词的第一个音素。我们对本实验数据以/t/结尾的音节的下一个音素的"总数"以及出现在该音素之前的加音"百分率"做了一个详细的调查,调查结果可参见表 6.6(♯表示停顿)。

### 表 6.6　不同音节首音素之前的加音百分比

| 音素 | 音素总数 | 加音百分比(%) | 音素 | 音素总数 | 加音百分比(%) |
|---|---|---|---|---|---|
| ♯ | 252 | 1.98 | aU | 18 | 38.89 |
| k | 18 | 11.11 | E | 54 | 38.89 |
| y: | 36 | 13.89 | d | 342 | 38.89 |
| j | 18 | 22.22 | m | 126 | 40.48 |
| S | 54 | 22.22 | z | 54 | 42.59 |
| f | 72 | 22.22 | v | 18 | 44.44 |
| h | 90 | 23.33 | g | 36 | 44.44 |
| b | 36 | 36.11 | aI | 36 | 52.78 |
| l | 54 | 37.04 | n | 36 | 58.33 |
| a | 90 | 37.78 | r | 18 | 61.11 |
| | | | t | 36 | 69.44 |

从表 6.6 的数据中,我们可以总结以下几点事实:

● 如果下一个音节首同样也是辅音/t/,引起加音的次数最多;
● 如果下一个音节首是元音,也能引起加音现象;
● 下一个音节前如果有停顿,或音节尾辅音位于句末,出现加音的现象最少。

我们进一步调查了音节尾辅音为/s/,下一个音节首音素与/s/之后的加音情况。我们发现引起加音最多的音节首的音素是/S/。因为我们的实验数据中没有词尾辅音为/s/,下一个词的词首也是/s/的语料,无法证实两个/s/之间的加音现象出现最多。我们只能说明/S/在发音位置与发音方式方面是与/s/最接近的音,也是引起/s/之后加音最多的音节首音素。

### 6.3.2.4　元音前的喉音

德语语音学家 Kohler、Pompino 等的研究表明在德语中音节首元音的前面通常会出现喉音(Kohler,1994;Pompino-Marschall & Zygis,2010)。本实验中的 6 位德语本族发音人除了在音节首元音的前面出现喉音,在其他语境中没有发现明显的喉音。而音节首的喉音有时候在声学上有些像弱化的中性元音(reduced schwa)。在图 6.10(a)中,德语本族人元音前部的喉音/?/(SAMPA 符号)很像弱化的中性元音,但是与中国受试者在音节首前面插入的词汇中性元音/@/(lexical schwa /@/)完全不同,参见图 6.10(b)。

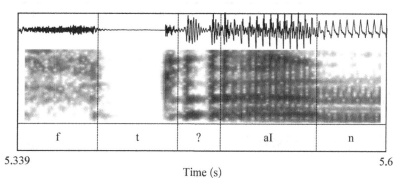

(a) 德语本族发音人的音节首元音前部的喉音

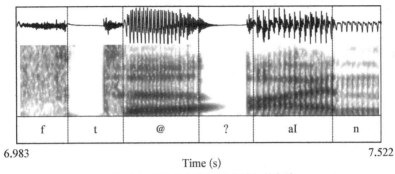

6.983　　　　　　　　Time (s)　　　　　　　7.522

(b) 中国受试者音节首元音前部的加音

**图 6.10　德国发音人与中国受试者音节首元音前喉音对比**

### 6.3.2.5　历时比较

我们通过统计数据发现,经过 3 个月德语强化学习并与当地德语本族人进行交流,所有的中国受试者的加音现象皆有所减少。第一次数据收集的 18 位受试者中的 10 位参加了第二次数据收集。这 10 位受试者在到德国一个月时加音的数量与 3 个月后的加音数量的对比可参见图 6.11。

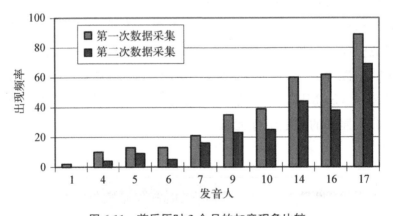

**图 6.11　前后历时 3 个月的加音现象比较**

## 6.3.3　讨论与总结

本实验统计的数据来自收集的自然语料,最大的优点是让我们了解了中国德语习得者遇到的实际问题。例如,我们了解到在辅音/t/之后出现的加音现象远远超出其他辅音,并且我们进一步分析了这一现象的原因。而利用自然语音的缺点是，我们在总结语音规则之前需要特别谨慎，因为我们没有控制其他有关因素。在描述该实验统计结果的基础上，我们试图就本实验之前提出的几个问题给出一些解释：

（1）加音现象出现在音节尾的双辅音丛和三辅音丛的概率高于单辅音。我们还需要更多的数据考察加音现象出现在音节尾的双辅音丛和三辅音丛的概率是否有区别。

（2）音节尾辅音的性质以及下一个音节的音节首音素的性质对于期间是否会出现加音现象都有影响。

（3）母语迁移（native language transfer）、标记性特征（markedness）、发音响度（sonority）以及发音动作误时（gestural mistiming）都会对加音现象产生影响。

（4）随着目标语口语水平的提高，加音现象会逐渐减少。

我们继续探讨语言环境的约束对于加音的影响。通过对本实验语料的分析，语言环境对加音的影响可以概括性归纳为如下几点：

（1）母语迁移作用也许是二语习得者通过加音方式处理母语中不存在的音节尾辅音或辅音丛最重要的原因。另外一个值得注意的现象是，本实验中并非所有受试者在所有的辅音后面都加入中性元音/@/。有些受试者在/p/后面加元音/u/，在/s/后面加元音/i/，因为在汉语中辅音单独出现时，/p/的发音就是/pu/，而/s/的发音便是/si/。这说明中国受试者在辅音后面加上不同的元音，以保持该辅音在母语中的发音特征。这个事实进一步证实了加音现象受到母语迁移的影响。

（2）一般说来二语习得者通常先学会非标记的音段，然后才能学会标记性的音段。因为辅音丛越长，标记性越强。我们实验中显示较长的辅音丛（如双辅音或三辅音的辅音丛），其加音的百分率也较高。这一实验结果也证实标记性强的语音特征比标记性弱的难以掌握。

（3）在我们的实验数据中发现，音节尾辅音响度最弱的辅音最容易引起加音现象。例如塞音/t/、/p/、/k/和摩擦音/x/、/C/、/s/之后比鼻音之后的加音现象频繁。但是，我们的数据中/f/是一个例外。至于/f/是否和其他摩擦音一样容易引起加音现象，或者受其他影响因素控制，还需要通过实验进一步考察。Broselow 和 Finer（1991：38）通过调查辅音响度的标记性指出:"在响度上相近的辅音组成的辅音丛比在响度上相差很远的辅音组成的辅音丛更有标记性。"这一规则常用于辅音丛的研究,标记性强、响度相近的辅音丛往往会出现加音现象。但是这一现象在本实验中没有进一步研究,因为不同的双辅音丛或三辅音丛在语料中出现的次数不完全一样。我们必须设计特殊的语料,在控制其他影响因素的情况下,才能验证这一规则。

(4) 在我们的实验数据中,很多插入的元音并非词汇中性元音(lexical schwas),而是由于发音动作没有配合好而出现的加音,音系学上称之为发音动作"误时"(mistiming)(Gafos,2002)。Davidson(2006)进一步证实,由于发音动作误时插入的元音与词汇元音声学特征不同。在我们的实验数据中也有不少事实支持这一论点:

- 在停顿前或句末出现的加音现象最少,因为在停顿前或句末没有配合后面音素发音的要求,不会因为发音动作误时而插入一个元音。
- 我们的数据显示,如果音节尾的辅音为/t/,而下一个音节又是以/t/开头,那么这两个/t/之间最容易出现加音现象。因为两个相同的辅音连读/CC/,其结果往往是发成/C@C/。这一事实也是 McCarthy (1986)提出的强制非同值原则(Obligatory Contour Principle, OCP)在发音方面的表现。根据其相同的调值不能相邻原则,两个同样的辅音相邻时,插音现象最容易出现。
- 我们的数据还显示,插音现象在喉音前面容易出现。在德语元音前的喉音部分,喉音如果被延长,那么就出现中性元音。Kohler(1994)对德语音节首元音的研究表明,音节首元音前的塞音环境最容易引起音节首元音的喉音,而 Pompino 等(Pompino-Marschall & Zygis, 2010)还发现低元音也容易引起喉音出现。而这两个规则在我们的实验数据中得到了验证。中国受试者在音节尾辅音/t/之后出现的加音现象较多,而在音节首元音/aI/之前出现的加音现象也很频繁。因为音节尾的塞音/t/与音节首的低元音/a/容易引起喉音,而中国受试者将喉音延长,导致了插音出现。

本实验中的有些实验数据与有关中国学生学习英语的研究结果不完全

一致。例如,Carlisle(1994)发现有超过 50％的词尾辅音之后的加音现象出现在停顿之前;40％的加音现象出现在下一个音节首为辅音的情况;少于 5％的加音现象出现在下一个音节首为元音的情况。然而我们对于音节尾为/t/的统计数据并不支持以上结果。这其中有很多原因——德语与英语不一样,语料的处理不一样,受试者不一样,这些因素都会引起实验结果不完全一样。我们这里试图给出一些解释:首先,德语音节首元音容易引起喉音,而喉音延长便形成类似发音动作"误时"的插音。其次,我们将插音之后音节首的塞音和塞擦音前面的闭塞段看作塞音和塞擦音的一部分,而不是停顿。在这些语音环境中往往容易出现加音现象,但在我们的数据中不属于停顿前的加音。再次,受试者的水平不同,加音现象也呈现出不同的特征。

　　由于中国受试者的加音现象非常普遍,我们可以看到在实验数据中,既有词汇加音,也有发音动作"误时"加音。随着德语水平不断提高,受试者的词汇加音逐渐向误时加音过渡,直至最后加音现象完全消失。很多音段与超音段的因素都对加音现象有所影响。加音现象与目标语的特征及受试者的发音习惯也密不可分。如同 Hall(2011)所评论的一样,加音的形成过程非常复杂。而本实验的一些实验结果可作为今后进行更深层次、对实验数据进行人工控制实验的基础。

　　本实验调查了有关语音因素对中国德语习得者加音现象的影响。受试者是德语中低级水平,实验是在他们开始在德国生活的前 5 个月的历时调查。我们对朗读语料进行了描述性的统计,运用语音分析来说明加音现象。在主实验中,18 位中国受试者在德国生活了 1 个月后,我们录制了他们朗读 50 个语音语调覆盖面比较广的德语句子。统计结果表明,所有的受试者或多或少都使用加音的方式处理德语中音节尾辅音或音节首辅音群。我们进一步考察了加音现象与不同因素之间的关系,结果表明辅音丛的长度、母语迁移、标记性特征、辅音响度以及发音动作的时间掌握都会对加音现象有所影响。受试者在德国生活了 3 个月之后,我们又对其中 10 位做了历时调查,要求他们朗读同样的句子。3 个月前后的数据对比表明,随着受试者在德国生活的时间加长、德语水平提高、对德语语音的经验增加,加音现象便随之减少。该历时实验能为二语习得者学习辅音丛的过程研究提供一些参考信息。

# 第7章
# 计算机辅助语音学习系统

计算机辅助语音学习系统(Computer Aided Pronunciation Training，CAPT)是一个将计算机辅助语言教学系统与自动语音识别、视听语音识别相结合的应用系统。它广泛地应用语音技术、模式识别、计算机图形学、数据库、网络等技术，为语言学习者提供了有效的学习途径和丰富的学习材料，使学习者能够机动灵活地利用时间，在没有压力的环境中接受发音方面的训练。随着CAPT系统的发展，仅仅在普通的个人计算机上进行发音训练已经不能满足学习者的需求了，人们期望能够真正做到随时随地进行发音训练。因此，有必要将CAPT系统移植到嵌入式设备中。

前几章中我们讨论过，我们说的外语与外语本族人说的语言在语音语调方面或多或少存在一些差异。外语认知学家认为，二语习得者大脑内储存的用于指挥肌肉发音的模式与外语本族人不同，从而导致产出外语特定的语音序列时与外语本族人不一样，或者在产出这些语音序列时不如本族人迅速。而计算机辅助语音学习系统利用语音技术成果，成为成年人改进外语语音语调的理想助手。计算机辅助语音学习系统通过为外语习得者提供他们容易理解的语音输入信息，帮助学习者建立起外语中必要的音系类别(phonological categories)，而且还能为使用者提供训练机会，教会使用者如何正确发出外语中不同音素的组合。

在本章中，我们首先介绍有关言语技术在教育中的应用(Speech and Language Technology for Education，SLaTE)以及计算机辅助语音学习系统的研究现状与发展趋势；接着描述我们在建立面向中国德语习得者的计算机辅助语音学习系统方面的努力；最后，根据我们在实际教学应用中遇到的问题和挑战，提出一些改进的意见和建议。

## 7.1　语音技术在教育中的应用

随着语音技术的进步，语音产品越来越多地应用于教育领域。自从 2007 年以来，为了促进语音技术在教育方面的研究和应用，每年召开一次 "言语和语言技术在教育方面的应用"的国际会议。言语技术的国际重要杂志《言语交流》(*Speech Communication*) 在 2009 年第 51 卷第 1 期中出版特刊《用于教育的口语语言技术》(*Spoken Language Technology for Education*)。特刊编辑 Eskenazi (2009)解释道，应用于教育的言语技术是一个具有很强跨学科性的领域，该领域不仅能从计算机科学、统计学、信号处理等学科获得各种有益的学问，也能从二语习得、认知科学与语言学方面汲取有价值的经验。言语技术在教育，特别是在语言教育方面，发现了用武之地。言语技术可以用来教词汇、语法、发音、句子的语调等等。我们下面主要探讨言语技术应用于发音训练方面的问题，也就是讨论如何更好地建立计算机辅助语音学习系统，帮助外语习得者更快更好地掌握外语的语音语调。更确切地说，是如何最有效地利用语音技术，帮助中国德语习得者学会地道的德语语音语调。

言语与语言技术用于训练发音方面的产品最早是为满足听力有缺陷的人群而研发的。使用言语技术可以为这些听障人士自动显示话语的特性，从而使他们能辨析他人的话语(Mártony，1968)。如今这项应用于听力障碍人群的语音技术扩展到了二语习得者。虽然二语习得者一般都没有听力方面的缺陷，但是二语习得者却不能像外语本族人一样听辨出外语中特有的、有区别性特征的音素。因此，该项应用于听障人群的言语技术在二语语音语调习得方面也非常受欢迎。因为通过视觉辅助听觉的方式可以使外语习得者学会听辨出原来无法辨析的外语语音。Flege (1988)曾证实，使用视觉辅助方式成功训练了一位母语为西班牙语的英语学习者的发音，使其能辨清并准确产出西班牙语中无区别性特征的英语元音对立组，即/i/和/I/，/ɛ/和/ʌ/。Flege 做的这个实验非常令人振奋。这表明如果口语中的语音偏误能够被正确地检测到，并用视觉的方式呈现出来，同时提供合适的矫正方法，那么习得者便能利用这些反馈信息，有效地纠正他们外语中的语音偏误。

随着言语技术的迅猛发展,语音自动识别(Automatic Speech Recognition,ASR)技术从 20 世纪 90 年代起便已经成为语言智能学习系统中主要的语音技术。语音识别技术被用来探测口语中单个发音错误,评估口语的整体水平;而语音合成技术则用于语音学习系统中的人机对话(Eskenazi,2009),增强语音学习系统的智能性与交互性。

为了建立最有效的计算机辅助语音学习系统,言语技术方面的工程师、语言教育专家以及语音学家必须联手,共同努力。言语技术方面的工程师努力提高语音识别的正确率,为语音训练系统提供可靠的技术手段;语言教育专家试图探寻合适的教学法,让使用者充分利用语音学习系统带来的便利。而作为语音学专家,我们对于语音自动识别技术为使用者提供的反馈信息技术(即对使用者口语评估的技术)以及语音学习系统使用的教学手段和教学效果都非常感兴趣。语音学是一门跨学科的研究,在计算机辅助语音学习系统中,语音学家是工程师与语言教师之间的桥梁,有益的研究成果将能促进言语技术在语音教学中的有效应用,并能切实解决外语语音语调习得的实际问题。我们先简要介绍一下计算机辅助语音学习系统的研究现状。

### 7.1.1　语音识别提供反馈信息

由于多学科的相互融合,计算机辅助语音学习系统能够自动为使用者提供多种多样的反馈信息。反馈信息有音段方面的,也有超音段方面的,既包括向使用者提示单个语音错误,也包括为使用者给出其口语总体评分。

#### 7.1.1.1　单个发音错误检测

计算机辅助语音学习系统最重要的功能是在语音训练中找到发音人所犯的语音错误。系统将为发音人提供用于纠正错误的反馈信息,以便让发音人明白如何调整发音器官才能做到正确的发音。如果没有语音学习系统的反馈信息,发音人将不会意识到自己的语音错误,自然也不知道该怎样去改进发音。例如,英语中的 $w$ 往往发成双唇音[w],而德语中的 $w$ 却应该发成单唇音[v]。于是,当一位中国学生试图发出德语单词 *weiß*(白色)[vaɪs]时,往往是根据汉语与英语的经验,将德语词首的 $w$ 发成双唇音[w]。计算机辅助语音学习系统将输入的语言信号、语音识别系统中经过训练的德语本族语以及中国习得者的德语口语数据进行比较,便能识别出该发音人的词首辅音是否符合德语的要求并能提供给发音人一些反馈信息,比如向发音人显示这个辅音的发音有些偏误,提示发音人如何使唇齿接触,从而发出正确的[v]音。因为来自不同国家的习得者受不同母语的影响,出现的发音错误不可能完全一样,例如中国德语习得者倾向于将单词 *weiß*(白色)中的字母 *w* 发成[w],而不是[v];而另一个母语不是汉语的德语习得者可能不是将[v]发成[w],而是将[v]发成[f]。计算机辅助语音学习系统的言语技术只有在确定母语特点的情况下研制,才能得到最有效的应用。所以语音学习系统内嵌的语音识别系统应当针对不同的母语进行训练,只有面向中国德语习得者研发的德语语音学习系统才能准确判断中国习得者的语音语调偏误,并能有的放矢地提供改进信息。

　　计算机辅助语音学习系统检测发音人发音错误的功能是在比较本族语口语数据与二语口语数据的基础上研发的。因为外语学习者的特点各异,收集二语习得者的数据要比收集母语口语数据困难得多。所以必须根据实验目的和条件,确定实验因素,慎重地拟定实验方案,确保实验的科学性、合理性和可行性。以下有两点做法值得借鉴:

- 二语习得者口语应按不同母语的发音人分开研究。如果可能,最好还能按不同的方言进行细分。
- 二语习得者口语还应按不同的二语水平进行分类。例如,初学者的语音偏误往往由母语迁移作用造成,而高级水平习得者的偏误原因则比较复杂,很多因素都会起作用。不同水平的二语习得者的发音偏误不同,语音训练重点自然也应该有所区别。

　　如果可能,我们还应该进一步消除不一样的非语言因素。例如,如果我们想检测元音的偏误,通常测量二语习得者的元音频谱数值与母语数据间的差异。而不同年龄、不同性别的发音人本身也会在频谱数值方面有些差异。为了消除非语言因素在频谱方面带来的差异,Minematsu 等(2007)提出了一种新型的表示语言的模式,可以不考虑发音人的个体差异,根据元音的发音,将二语习得者自动分成不同的类型。

在很好地控制了各种语言以及非语言因素,并保证了二语口语数据比较一致的情况下,我们还需要分辨出二语习得者的口语相对母语来说,哪些偏误是关键性的,这些关键性偏误必须检测出来。检测出单个的音段错误通常与整个语言学习效果息息相关,如果面对的研究对象是真实的二语习得者,整个学习系统的框架设计必须非常合理,才能达到较好的整体效果。Cucchiarini 等(2007)在研究荷兰语的语音学习系统时,明确了几类关键性偏误的检测标准。根据这些标准,语音学习系统首先应该指出源语言中普遍的错误(common errors of the same source language);着重解决那些外语本族人感知上明显的错误(perceived as salient erroneous);注重那些很可能造成交流障碍(hamper communication)的主要错误。那些频繁发生的错误(frequent errors)和长时间难以改正的错误(persist errors)也应当引起重视。语音学习系统只有充分考虑二语习得者的认知规律,才能有效帮助使用者解决语音语调习得方面的问题。语音学习系统决定提供哪些反馈信息以及所提供信息的可靠性,将直接影响系统的性能(检测的准确率)并最终影响教学的效果(这个系统是否真能有效帮助学生学习语音)。而系统性能和教学效果对系统的社会效应来说至关重要。

### 7.1.1.2　整体发音水平评估

在对发音人所有单个音段检测的基础上,参考发音人超音段的韵律情况,系统将对发音人的整体发音水平给出评估。系统的评测准则便是经常参加语言口语测试的本族语语言专家的判断。我们通常的做法是邀请一些母语评测专家根据一些预先定义好的评测规则来评估大量二语口语数据,而自动评估系统必须学习这些专家的评估标准,使机器与专家的评估结果达到很高的一致性,只有这样,机器评估才算有效。该一致性通常采用科恩的卡巴系数(Cohen's Kappa coefficient)作为性能指标的特征(Carletta,1996)。这一测试方法也用于比较自动评估系统与专家评估之间的一致性。

然而即使系统能达到与专家评估的一致效果,如何将发音评估的总体印象提示给发音人也并非易事。根据心理学家的研究成果,最好不要使用简单的"接受"与"不可接受"的判断。在笔者参加研发的由欧盟项目资助的名为 EURONOUNC 的德语语音学习系统中,我们使用颜色序列来表示对单个音段评估的总体印象,五种色调从表示"非常好"的绿色过渡到表示"非常差"的红色(Jokisch，Jäckel，et al.，2008)。这样的反馈提示方式对习得者来说，比较容易接受。

但是语音自动识别系统在评估上也会出错，系统误报的错误可大致分为两类(Eskenazi，2009)：

- 假负(false negative)是系统将某些正确的发音误认为是错误的发音；
- 假正(false positive)是系统将某些错误的发音误认为是正确的发音。

为了给发音一个总的评价，测量两种不同的误报率非常重要。一种错误是发音人的发音是正确的，系统却告诉他是错误的；另一种是发音人的发音是错误的，系统却告诉他是正确的。从心理与教学的角度来看，我们通常认为，前者对发音人的打击远远大于后者(Bachman，1990)。由于这个原因，系统设计者往往将假负比率降至最低，结果假正的比率会相对提高。在识别系统的准确率无法达到百分之百的情况下，从心理学角度来看，这种做法至少会减少对二语习得者积极性的打击。

### 7.1.1.3　韵律偏误的检测与纠正

语音识别系统的原理是将使用者输入语音信息中的元音与辅音的声学特征与系统中储存的数据进行比较，并判定这些语音的特征是否处于可接受的范围之内。如今的语音识别技术已经能比较准确地评估元音与辅音音段方面的信息，但是对于超音段的韵律识别仍然无法使人满意(Hoffmann，2012)。口语评测专家却很容易就能发现发音人的韵律偏误，并给出总的评价。然而，因为语言的韵律变化情况太复杂，而每个人的特点又不尽相同，对于计算机辅助语音学习系统来说，判断二语习得者的韵律是否可以接受，或者哪里还存在很大的问题，并非易事。由于影响语言韵律的因素非常复杂，一种可行的做法是将研究范围限制在二语变化的某个方面，并针对同一个语言水平的习得者进行研究，这样得到的实验结果更加可靠。韵律研究中最常见的韵律参数是基频与时长，我们可以利用这两个参数来评估发音人超音段的表现。时长通常需要根据语速的快慢进行归化，基频的数值也同样需要根据发音人的平均基频进行校准。但是，因为语音的特殊性质，现在自动提取语音基频的技术还不能达到百分之百的正确，自动比较时长的方式比自动比较基频的方式更加可靠。

很多语音学习系统成功地进行时长检测与评估。Ishi 和 Hirose（2000）使用线性回归方式处理中介语，并发现音段的时长与外语习得者的语速相关。这项技术使他们能有把握地将单莫拉（single-mora）音位与双莫拉音位分开。另外，还有一些语音学习系统比较二语语音的基频。Hincks（2004）将实验聚焦于瑞典人使用英语作口头报告时语调的活跃性。她将活跃性定义为以 10 秒的语言信号为窗口计算出的平均基频的标准差。她将基频动态归化后，成功地将高级水平习得者中活泼的报告与不太活泼的报告区分开。

尽管韵律训练的重要性丝毫不亚于音段语音训练，而且也有实验也证明清楚地表明韵律规则有利于学生对二语的加工与产出（Henry et al.，2017）。但是，由于影响韵律的因素实在太多，在韵律评估与学习方面我们还有很多问题需要探索。只有更多地了解跨语言的韵律特性，才能不断完善语音技术，促使更加有效的计算机辅助语音学习系统出现。如何使二语语音韵律习得的研究直接服务于语音技术并最终使二语习得者获益是需要语音学专家不断探索的领域。

### 7.1.2　语音合成增强互动性

因为语音合成被广泛地应用于各类对话系统与电子词典，很多语音合成专家也试图将语音合成应用于计算机辅助语音学习系统。因为语音合成确实在语音学习系统中拥有很多潜在的优势，很多在研发对话系统方面非常有经验的专家考察了如何将语音合成的对话系统与语音学习系统相结合。Seneff 和她的同事们利用他们研发多语种对话系统的经验，开发了汉语学习和英语学习的语音学习系统（Seneff et al.，2004）。

至于语音合成技术在语音学习系统方面的功能，Handley（2004）对四个最先进的法语语音合成系统做了一个评估，得出以下结论：语音合成技术在语音学习系统中可以扮演三种角色：① 朗读机器；② 发音模型；③ 会话伙伴。评估的结果说明，最好的语音合成系统用在语音学习系统中不能充当主要角色，只能给系统增色。最佳的角色就是充当对话伙伴。要让语音合成技术成为语音学习系统的标准发音模型，还需在准确性与自然性方面取得更大的进步,特别是在韵律层面与表现力方面还有待改进。至少大家现在还普遍认为语音合成的声音尚无法替代本族语的专业发音人,二语习得者现在更希望标准的发音是真人发音。但是真人发音的局限性是智能系统只能提供系统已经录制的语音,而语音合成则能提供任何文本的发音。如果将来语音合成的质量能够满足标准发音模型的要求,那么智能语音学习系统的功能将更强大。

## 7.2　面向中国德语习得者的语音学习系统

随着语音技术不断成熟,语言教育专家对语音学习系统越来越感兴趣。语音学习系统除了能检测与评估二语习得者语音与韵律方面的表现,还能充当家庭教师的角色。作为教学系统,语音训练系统必须制定教学大纲,明确教学目的,规定教学任务,说明教学内容和教学进度并且定期检查,根据教学大纲评定学生的成绩。语言教育专家与言语技术工程师联手研发了很多智能教学系统,如中国广东人学习英语的教学系统(Qian et al.,2010)、日本人学习英语的智能教学系统(Minematsu,Okabe,et al.,2011)以及德国人学习汉语的教学系统(Hussein et al.,2010)。这些智能教学系统旨在捕捉二语习得者音段(与超音段)方面的偏误,并为二语习得者提供有的放矢的训练,以期达到预设的目标。使用相同的方式,在欧盟项目的资助下,德累斯顿工业大学也研发了一款多模态、有反馈的智能德语教学系统——EURONOUNCE (Jokisch,Jäckel,et al.,2008)。该智能教学系统是基于语料库的学习系统,将大型语料库与多语种语料库相结合。对于每对母语与目标语,该系统都需要专门收集口语语料。目前,该系统已经建立了一些平行语料库,如德语-俄语、德语-波兰语、德语-捷克语等。如果期望将该系统扩展至面向中国德语习得者的系统,我们必须收集德语-汉语语料,并分析中国学生使用教学系统的特点(Ding,Jokisch & Hoffmann,2012b)。在这里我们将讨论该教学系统给中国德语习得者带来的益处,以及如何改进才能使该智能教学系统更准确地评估中国学生的语音语调,更符合中国学生的学习习惯。

为了使该系统能满足中国学生的要求,我们先分析一下中国学生的特点，然后阐明我们的计划，最后分析中国学生在使用系统的过程中表现出来的语音语调的困难。

### 7.2.1　中国德语习得者特点

鉴于中国德语习得者的特点，我们至少有三方面的理由说明计算机辅助语音训练系统或智能化语音教学系统特别适合中国二语习得者，特别是第二外语习得者，如德语。这些理由包括：

（1）中国的外语教学课堂内通常比较注重读写，而听说训练常常被忽略。这其中的原因比较复杂，最重要的原因是教师与学生的比率非常低，学生缺乏单独语言练习的机会；另一个原因是很多老师本身对语音教学的方式方法不太熟悉，不知道该怎样去教语音语调。而智能语音教学系统正好能弥补这个不足，可以为学生提供一对一的语音练习，提供反馈信息，并提出改进建议。

（2）大部分中国学生一般在大学才开始学习第二外语，包括德语。学生开始接触德语的年龄一般在 18 岁以上，他们听辨外语的能力已经开始下降。随着年龄增长，外语语音学习越来越困难。要增强这些成年人听辨新的语言的能力，必须求助于视觉，通过语音可视化途径，能促进成年人的听辨能力。

（3）汉语是一种表意语言，人们对听力的刺激不如对图像的刺激敏感。母语为非字母语言的人在阅读过程中，主要依据视觉处理信息而非音系处理方式。但是二语习得者本人却意识不到自己语音语调的偏误，这时候需要语音教学系统指出习得者的偏误，并告知其如何改进。

因为语音训练系统有视觉听觉的反馈信息，对于中国学生来说，特别是学习第二外语的中国大学生来说特别有吸引力。因为他们开始接触第二外语时的年龄已经过了所谓的关键期，对新语言中有区别特征的语音辨识能力下降。这个时候，他们就需要视觉的信息来激活他们的某些听觉功能。因此，我们与德语本族语老师合作，测试并改进已有的语音训练系统。

同济大学中德学院的德语本族语老师认为 EURONOUNCE 德语语音教学系统对他们的学生特别合适。于是我们便在中德学院的德语强化班推广使用该系统。中德学院的德语强化班学生是读研究生时才开始学习德语的,经过两年德语学习,这些学生将通过中德交换项目去德国实习。因为这些学生接触德语的时间比较晚,很难听辨出德语中一些相近的音,说德语时也不容易区别这些音素,德语口语中带有浓重的中国口音。在他们同德国人进行口语交流时,口音成为一个不小的障碍。然而,经验告诉我们,像这样的成年人群,只要在德语学习中意识到语音语调的重要性,经过一些可视化的语音语调训练,大部分人仍能将中国口音降至最低,有的甚至能达到说德语时几乎没有口音的程度。

作为语音学专家,我们与德语老师有共同的目标,即尽快让学生学会正确的德语语音语调。我们将 EURONOUNCE 智能教学软件安装在中德学院的语音实验室内。学生可以在这里使用该智能语音软件,找出自己发音不足之处,训练听力与口语能力。另一方面,在他们练习口语的时候,所有的练习语料将被自动收集在计算机内。我们与语言老师联手发现学生的问题,并评估他们的进步。这样我们一方面在评估的基础上为这些学生量身定制教学大纲;另一方面又能将收集的数据用于语音识别系统的训练,进一步改善系统的性能。

过去在中国的课堂内,传统的语法教学占据主导地位。大家都熟悉这样的情况:中国学生在外语笔试中能够考出很高的成绩,但是却听不懂外语本族人说话,自己说的外语也很难让目标语的本族人听懂。这种情形现在已经得到很大的改观。如今大家越来越意识到口语交流的重要性,对改进口语交际能力越来越重视。在中德学院,德语课由德语本族老师执教,学生必须与德语本族老师进行沟通。两年后他们还得去德国实习,因此他们能说比较地道的德语口语的愿望非常强烈。

### 7.2.2　受试者动机

当我们评估语音训练系统时,关注的焦点是学生,而不再是语言本身。二语习得领域的理论表明,非语言因素中学习动机与外语能力是决定语言习得成绩的关键。外语能力不是我们能改变的,但学习动机却是我们能影响的。

如果我们把不同类别的学习动机都考虑到的话,我们选择中德学院的学生作为语音训练系统的测试人最为合适。这些学生经过两年强化德语班的学习之后,将在德国实习一年。他们不仅希望能通过学校的德语考试,更希望在德国实习期间能够融入德国社会,待他们毕业后在德国公司工作时能成为双语专家、双文化使者。他们的融入型动机与工具型动机都非常强烈。在非语言因素非常有利的条件下,我们下面来关注语言因素。

### 7.2.3　数据采集

前期成果 EURONOUNCE 为我们建立面向中国德语习得者的语音学习系统奠定了基础,在其数据库基础设施的框架下,我们还需要完成以下任务:① 收集中国学生的语音数据;② 分析学生语音与韵律的偏误。

为了测试学生使用教学系统的效果,我们设计了一些调查问卷来收集有关语音学习的信息,如要求学生回答以下问题:

(1) 你如何评价你的德语口语水平?

(2) 你如何评价你与德语本族人对话时的听力水平?

(3) 你了解德语语音系统吗?

(4) 你在学习新词汇的时候使用语音学知识吗?

(5) 你知道德语中长元音与短元音的区别吗?

类似的调查问卷在学生使用语音训练系统的过程中测试了几次。根据学生对语音语调重要性认识不同以及对语音知识掌握的不同,每次得到的答案都有所改变。

大部分的语音数据是学生在实验室练习口语的时候收集的。该系统的用户界面可参见图 7.1。图 7.1 下方的波形是系统事先录好的德语标准发音人朗读的单词、短语或句子。学生可以点击播放的按钮,听整个句子,也可以使用鼠标选择某个音素或某段语音仔细听辨。系统播放时,右上方的发音示意图显示发音器官的动作,与播放的语音同步。学生在听完整个句子之后,点击录音按钮,录下自己跟读的声音,学生跟读的波形便显示在图的上方。这时系统已经将新录制的语音通过语音识别系统,自动标出每一个音,并与标准发音人的语音进行了对比,给出了每个音的评估结果。很多语音训练系统只能给出单词层面的评估结果,而我们这个系统能够给出单个音素层面的评估。发音人系统中不同的颜色代表系统对使用者所产出的语音准确率的评价。

**图 7.1 德语语音训练系统的用户界面**

如果学生跟读两个长短音对立的单词 *die Stube*（房间）与 *der Stubben*（树墩），在训练系统的界面图上，自动标注出的音素几乎都呈深绿或浅绿色，表示通过语音识别系统评估，这些音素的发音都可以接受。其中只有 *Stubben*（树墩）中的短元音[U]的音素条是橘黄色，表示这个音还有待改进。在前几章的实验描述中，我们也说明了中国学生对短元音如[U]的发音掌握得还不太准确（Ding et al.，2007）。（注：在单色图中，用户界面的五种颜色不太好区分。位于发音器官示意图下方的五个颜色条从左到右依次为深红、浅红、橘黄、浅绿、深绿。在图 7.1 单色图中，相比深绿和浅绿色条，橘黄色的音素条[U]颜色似乎更浅一些。）

学生们有了视觉与听觉方面的信息反馈，就能将他们自己的语音与德语标准发音人进行比较，通过信息提示，发现自己发音方面的偏误，调整发音器官的位置，纠正发音方式，从而准确地模仿标准发音人。我们收集了 100 位初学者的训练数据，用于该实验的研究。

系统中的语音教学材料已经非常完整，而且很有系统性，包括所有的辅音与元音。单个元音与辅音的练习以相似音成对比较的方式出现，例如元音以长短音对立的方式出现，辅音也以最小对立体的方式出现。这些相近的音不仅以负载词的方式，而且还以负载句的方式出现在练习中。除了音段方面的练习,还有超音段方面的语调练习。练习涵盖了德语中常见的句型和语调。此外,为了适应中国学生的语音偏误特点,我们还设计了附加的语料,进行系统之外的录音。这些附加的录音都由德语本族专家听力评估,并给出成绩。于是我们便能够将习得者在声学参数方面的差异与其语音语调评分进行相关性比较,从而找出哪些声学参数的差异会为语音语调带来比较大的负面影响。通过这种方式,我们能够准确锁定中国学生所遇到的困难,并能够使用可视化方式展现出来,其中一些实验结果(Ding,Mixdorff,et al.,2010;Ding,Jokisch & Hoffmann,2011;Jokisch,Ding,et al.,2011),我们在以下几节中进行简单的介绍。

通过语音训练系统自动收集数据的方式,我们采集到了大量的口语数据。每位学生平均每周大约有一小时用于语音跟读练习,100 位学生,每周就能收集 100 小时的语音数据。大部分录音都是重复地跟读同一个单词或句子,对于语音研究没有特别的价值,但是对于学习动机以及习得进步的研究会有帮助。通过对语料进行声学分析与比较并参考语音训练系统对所有练习的自动评估结果,我们发现各种音段以及超音段的偏误叠加起来,形成了中国学生特有的中国口音,给学生与德语本族人进行口语交流带来很多不便。对于德语初级水平的习得者来说,比较典型的有:

(1) 在音段方面,汉语中不存在的德语辅音和元音的发音不够准确;

(2) 在超音段方面,使用的声调类型不地道,或音系声调类型的语音实现不合适。

如第 4 章所描述的一样,中国学生通常使用不同的策略,如元音加音、省略或替换的方式处理汉语中不熟悉的德语辅音与元音。因为汉语的音节大部分是以元音结尾的开音节,学生往往在音节尾辅音之后加上中性元音[@]。在第四章中讨论的现象在这里得到了验证。例如,德语单词 *Kühlschrank*(冰箱)中的[k],德语本族人的发音为清塞音[k],如图 7.2(a)所示,由长方框表示。而中国发音人却在[k]之后加上[@],发成[k@],如图 7.2(b)所示,[@]由椭圆形的符号标出。我们在对俄国德语习得者与中国德语习得者比较之后发现,中国德语习得者的加音现象明显比俄国德语习得者要多很多(Hilbert et al.,2010)。

因为有了视觉和听觉方面的反馈信息,再加上不断地尝试,不断地改

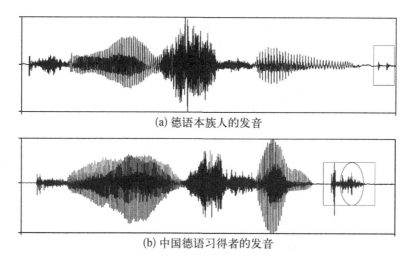

(a) 德语本族人的发音

(b) 中国德语习得者的发音

图 7.2　单词 *Kühlschrank*（冰箱）的波形图

进，很多学生逐渐意识到了他们语音语调方面的偏误，并有效地改进了偏误，取得了很大的进步。我们接下来仔细看一下他们训练前后在音段与超音段方面的对比。

### 7.2.4　长短元音实验

Lindblom 等早在 1969 年就提出能建立一个元音发音的生理模型，并声称这将会成为二语习得者发音教学的有益工具（Lindblom & Sundberg，1969）。而且他还建议，如果能将其视觉化，效果则更佳。这个自动发音教学系统（automatic articulation instructor）能用可视化的发音动作教会学生如何发出目标语的语音。但是他预言"这样的目标听上去似乎有些理想化。但是如果使用计算机并有一套元音发音理论，这个梦想是可以实现的"（this goal might also sound utopian but it should be possible given a computer and an acceptable theory of vowel production）（Lindblom & Sundberg，1969：24）。

50 多年前听上去乌托邦似的梦想现在变成了现实。我们现在使用的 EURONOUNCE 德语语音训练系统便拥有当时 Lindblom 等人所梦想的功能。EURONOUNCE 系统的重点是辅音与元音音段方面的练习。为了让学生掌握元音的发音，系统的教材中将相似的元音组合成对让学生练习模仿标准发音人，对跟读的语音做出自动评估，并将结果呈献给发音人。在

第 4 章中我们已经讨论过长元音与短元音的问题,这一节将长短元音的问题与德语语音训练系统相结合,利用系统内的教材为语料,进一步调查中国学生是否能感知长短元音的区别,通过实验结果为该智能化的语音教学系统提供一些建设性的改进方案(Ding & Jokisch,2012)。

长元音与短元音在很多文献中也被称为紧元音与松元音。Jones(1956)对紧元音与松元音是这样定义的:当舌头发紧元音(tense vowels)时,肌肉处于非常紧张的状态;当舌头发松元音(tense vowels)时,肌肉不处于紧张的状态,而是处于松弛的状态。

德语的语音系统内有 7 对单元音,这 7 对元音因为发音的位置与特点不同,每对元音不仅在时长方面有差异,而且在音质方面也有差异,德语与汉语元音系统的差异会导致中国习得者在德语元音发音方面产生偏误。为了强调这些最小对立体中的元音有音质方面的区别,我们在这个调查中使用紧-松的区别特征来代替长-短的区别特征。而汉语的语音系统内有 6 个基本的单元音,用拼音可表示为/a o e i u ü/。这些单元音与德语中的紧元音相似,但是其中有些元音与其他的元音或辅音结合,在某些语音环境中也会发成松元音。由于德语元音系统中的元音有紧元音与松元音的区别,而汉语中没有,中国习得者在感知与发音方面便依靠不同的方式处理紧元音与松元音,下面的实验将对此进行详细描述。

### 7.2.4.1　设计实验数据

1) 朗读材料

我们希望能找到一些紧元音与松元音对立的负载词作为实验语料,这些负载词最好是最小对立体的负载词。我们使用 EURONOUNCE 训练系统里面的负载词,正好可以测试学生对已学的内容掌握得如何。语料包括德语中的 7 对紧元音与松元音,每对又包括 5 对负载词,一共有 35 对单词,见表 7.1。

表 7.1　使用 SAMPA 符号表示的德语元音对立体的负载词

| 元音对 | 单　　　　词 | | | | |
|---|---|---|---|---|---|
| [a:] | der Wal | der Staat | lahm | die Bahn | der Schal |
| [a] | der Wall | die Stadt | das Lamm | der Bann | der Schall |

续　表

| 元音对 | 单　词 | | | | |
|---|---|---|---|---|---|
| [i:]<br>[I] | ihm | schlief | liest | bieten | die Miete |
| | im | schliff | die List | bitten | die Mitte |
| [u:]<br>[U] | die Pute | die Krume | gesucht | das Fuder | die Grube |
| | die Putte | krumme | die Sucht | das Futter | die Gruppe |
| [y:]<br>[Y] | fülen | die Hüte | die Lüge | die Düne | der Kühnste |
| | füllen | die Hütte | die Lücke | der Dünne | die Künste |
| [e:]<br>[E] | wegen | zehren | reden | Speeren | stehlen |
| | wecken | zerren | retten | sperren | stellen |
| [o:]<br>[O] | zogen | roden | der Ofen | sogen | der Schoß |
| | zocken | verrotten | offen | die Socken | schoss |
| [2:]<br>[9] | böten | lösen | rötlich | die Löhne | beschwören |
| | können | die Röcke | das Zöpfchen | den Stöcken | das Söckchen |

我们寻找负载词的标注有两个标准：① 首先这些词必须是有意义的词典中存在的常用词，而不是臆造出来的词；② 这些词最好是最小对立体，如 fühlen‐füllen，这样两个元音之间唯一的区别便是元音的紧与松的对立。编制系统的学习材料时，我们也尽量寻找最小对立体的负载词，但是并非所有元音对都能在词典中找到最小对立体的负载词。我们的准则是优先寻找有意义的负载词，如果没有，尽量找其他区别因素比较少的负载词配对。这样，学生除了依赖于元音紧松对立的线索辨认元音以外，其余的线索越少越好。

2）受试者

我们选择了 12 位同济大学的学生参加感知与发音实验，这些学生都使用过德语训练系统练习发音。12 位受试者学习德语的年限分别为 2 年、3 年与 5 年。受试者的年龄在 20～24 岁之间。3 位受试者是男性，7 位受试者为女性。他们来自中国不同地区，在听音与发音方面一切正常。

### 7.2.4.2　感知实验

在感知实验进行之前,我们先向学生提出以下几个问题:

(1) 德语中的长元音与短元音的区别是什么?

(2) 在听音的时候,如何判断发音是长元音还是短元音?

因为这些受试者不是语言学专业的学生,我们并没有向他们介绍紧元音与松元音这样的专业词汇,依然使用长元音与短元音的传统用法。

我们一共有 7 对元音,前六对是以紧松对立出现的,但播音时的顺序是随机的。也就是说在听力测试时,有时候紧元音在前,有时候松元音在前。最后一组元音[2:]-[9]放在不同元音的对立体中,我们将这两个元音分开,紧元音[2:]与另一紧元音配对成[2:]-[e:],松元音[9]与另一松元音配对成[9]-[E],其负载词列在表 7.2 中。将这些单词成对地播放给学生听辨,每对只播放一遍。学生需要在准备好的测试卷上标出他们听到的两个负载词当中的元音哪个是长元音(紧元音),哪个是短元音(松元音)。

**表 7.2　用于元音对[2:]-[9]听辨感知实验的单词组**

| 元音对 | 单 词 | | | | |
|---|---|---|---|---|---|
| [2:]-[e:] | böten | lösen | rötlich | beschwören | die Löhne |
| | beten | lesen | redlich | sich beschweren | die Lehne |
| [9]-[E] | können | die Röcke | den Stöcken | das Zöpfchen | das Söckchen |
| | kennen | der Recke | der Stecken | das Zäpfchen | das Säckchen |

1) 感知实验结果

这些问题的回答当中,约 90% 的答案是:

(1) 长元音与短元音的主要区别是时长;

(2) 听辨时,如果时长长的便是长元音,时长短的便是短元音。每位学生对元音感知正确率的情况可参见图 7.3。

实验结果统计了 3 个不同水平的 12 位同学感知正确的总数。3 组学生学习德语的时间分别为 2 年、3 年与 5 年。一共有 10 对紧元音与松元音,如果正确率为 10,则表示所有四位学生对每个负载词当中元音的紧与松的判断都是正确的。

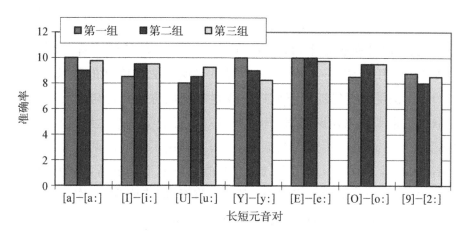

图 7.3　中国学生德语元音听辨感知正确率

2）感知实验的讨论

从学生的答案以及图 7.3 中的数据，我们可以得出以下结论：

（1）非语言学专业的学生经常会想当然地认为长元音与短元音的区别之处就在于长元音的时长比短元音的要长。他们一般不知道长元音与短元音还有音质的区别，具有不同的声学特征。通过语音训练系统学习一些语音知识将对这些学生有较大的帮助。

（2）这些受试者表示他们在听辨长元音与短元音的区别时也主要是听时长的区别。在之后与受试者的讨论中，他们并不知道长短元音还有共振峰的区别。有几位同学确实意识到有的长短元音对听上去还有别的方面不一样，但是没有系统总结过。我们在感知实验中发现了一个问题。德语标准发音人的语料是从语音训练系统的录音中提取的。系统中的标准发音人一次读两个成对的单词，第一个单词中含有紧元音的用升调，第二个单词中含有松元音的用降调。因为发音人在朗读两个单词时，已经下意识地使用了陈述句的语调，基频先上升，然后下降，这样两个词听上去读得非常自然。在系统当中所有的单词对都是先读紧元音，然后读松元音。虽然我们将这些单词从系统中截取出来之后顺序完全打乱，但是所有的紧元音都是升调，所有的松元音都是降调。因为德语并非声调语言，理论上紧元音与松元音的区别不在于声调的区别。但是因为汉语是声调语言，中国学生对声调的变化特别敏感，而紧元音的升调与松元音的降调与汉语升降调的时长正好吻合。汉语的同一个音节，如果用第二声的升调一般都会比第四声的降调时长要长。而且在感知上，Howie（1974）也指出，即使两个音有同样的时长，如果一个用升调，一个用降调，升调的音听上去比降调的要长（Howie，1974）。中国受试者借助于声调这一线索成功地将紧元音与松元音区别开来，取得了很高的感知识别率，其中有四对元音的听辨率达到了百分之百。很多受试者并未利用不同的共振峰值，而是利用不同的声调这个线索来区分元音的松紧。最后一对元音[2:]-[9]的听辨率不是很高，因为这两个元音在系统中分别与别的元音组合，都放在前面，都读成升调，作为听辨的声调这一线索就消失了，感知的结果也最差。但是，我们现在并不知道感知识别率是因为缺乏声调这一线索，还是这一对元音确实是最难的一对。至少我们通过这种方式发现系统中这样的朗读方式对中国学生来说存在一些弊端。学生往往只模仿发音人的声调，而忽略发音人的发音部位不同。比较好的做法是让标准发音人朗读时不要使用不同的声调，或是将一对元音放在负载词中让标准发音人朗读，然后将两个词截取出来，让学生模仿。这样区别时长的声调线索便不再存在，而让学生更多依赖共振峰的线索。

（3）不同水平的受试者在元音感知方面的差别不是很显著。因为这些单词都是非常简单的单词，不论是初级水平还是高级水平都熟悉。高级水平的受试者认识更多的单词，但是并不能帮助他们区别元音的紧松。再说，如果没有经过特别的语音训练，多学一两年的德语会学会更多的词汇与阅读技能，对语音语调的改善却没有更多的帮助。

（4）在所有的对立体中，[a]与[a:]之间的音质区别最小，但是中国受试者这两个元音的听辨识别率却非常高，比[u:]与[U]的识别率还高。也许声调与时长是中国受试者区别紧元音与松元音所依赖的主要感知线索。

通过设计与系统有关的一些实验，我们不仅能发现学生语音语调的偏误，也能发现系统对于中国学生来说存在的一些问题，并能提出一些改进的意见与建议。

### 7.2.4.3　产出实验

元音的产出实验是在同济大学一个安静的房间内进行的，采用16千赫与16比特的数码录音。朗读的单词在表7.1中列出，并写明每个单词中的元音是长元音还是短元音。受试者以成对的方式朗读所有的负载词。

1) 产出实验的实验结果

本实验一共有 70 个单词,有 12 位受试者,总共采集到 840 个单词的录音。这些单词先经过自动标注,然后经过人工修正,最后我们通过 praat 脚本提取每个元音的声学参数,如时长、共振峰值等。元音时长值比较可参见图 7.4,小组的编号与以上感知实验相同。

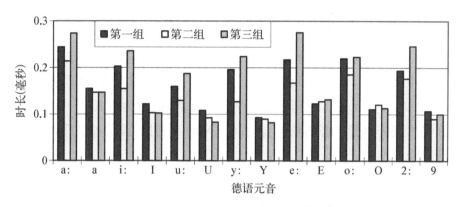

**图 7.4　中国受试者德语元音的时长比较**

从图 7.4 中可以看出,每个受试者的紧元音都比松元音的时长要长,在这一点上与德国标准发音人一致。中国受试者的紧元音与松元音的时长比率为 1.63~2.07,甚至比德语本族人更高。然而在共振峰值方面,紧元音与松元音的区别不是很大,所有松元音的共振峰值与紧元音的非常相似。

从图 7.5 中,我们可以看到一个非常典型的例子。单词 im(在里面)与 ihm(他,第三格)组成了最小对立体,前者的音标为[iːm],后者的音标是[Im]。而在图 7.5 中显示的是中国受试者产出的这两个单词的语图。松元音[I]的第一、第二共振峰数值与紧元音[iː]的相似。因为在汉语的语音系统中没有松元音[I],中国受试者感知到的短元音[I]与长元音[iː]的共振峰相似,在产出时也使用近似的发音部位与发音方式,只是将短元音的时长相应缩短。

我们又邀请德语本族人对中国受试者产出的所有单词进行听力评估。评测人要求对每个听到的元音给出一个整体的印象分,并特别注意中国受试者产出的元音在紧元音与松元音方面表现的如何。听力的评测结果也非常有意思:

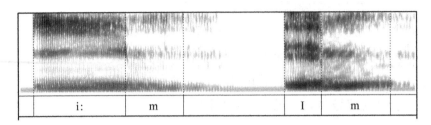

图 7.5 由中国受试者产出的元音 *ihm*（他）与 *im*（在里面）的语图

（1）长元音总的得分比短元音要高，与我们前期的实验结果一致（Ding，Jokisch & Hoffmann，2007），与第 4 章元音实验的结果也相符。

（2）尽管长元音与短元音的声学参数近似，但因为时长不一样，德语本族人仍然能听出紧元音与松元音之间的区别，特别是紧元音以升调朗读，松元音以降调朗读。

2）产出实验的讨论

产出实验的结果从另一个方面说明这个事实，即升调的元音听上去比降低的元音要长。这个结论似乎是世界各类语言的共性（Yu，2010）。如果是这样，那么在语音训练系统中，对立的元音体中前面的元音是升调的紧元音，后面的是降调的松元音对于中国学生来说未必是最佳的方式。中国学生在跟读模仿标准发音人时，一遍遍地模仿发音人不同的声调，而并没有注意到元音之间性质的区别。因为他们相信升调可以将元音读得长一些，降调时可以将元音读得短一些，事实也确实如此。Lehnert-LeHouillier（2010）也报道过声调对元音长短感知的干涉作用。因此，语音训练系统应该尽量避免声调对紧松元音时长的干扰，而突出元音之间声学性质的区别，这样学生才能够很快意识到紧元音与松元音的本质区别，从而更快地掌握发音要领。

从另一方面看，也许是长元音与短元音这个术语的名称容易使人产生误解，中国学生会很自然地认为元音的时长便是区别长短元音的主要特征。而且，因为声调干扰元音时长的感知，而中国学生对音节声调的感知非常敏感，在语音训练中，中国学生把注意力更多地放在元音的声调上，注重模仿发音人的声调，而忽略了其关键性的特征。这将是今后面向中国学生德语语音训练系统需要改进的方面。

### 7.2.5 语调训练

我们一直强调,超音段方面的因素对口语的影响并不亚于音段方面的因素。一口地道的外语语调可以掩盖很多语音方面的偏误。我们经常有这样的经验:当我们听中国学生说德语或英语的时候,即使我们没有注意听清他们说的辅音或元音,只从他们说话的语调便能听出是中国人在说外语。这种经历便说明语调对口音的影响力是非常大的。

然而决定超音段的因素来自很多方面,包括基频、音长、音强以及这些因素之间的相互作用。语调识别与语音识别相比较还远远不能让人满意,语调的评估也很难做到完全自动化。我们现在使用的德语训练系统没有考虑很多超音段的因素。只能局限于音段的时长、停顿的长短、是否流利等一些与音段有点重叠的部分。对于比较全面的语调评估还需语音学家与言语技术专家共同努力。然而,通过语音训练系统进行语调训练仍然是可以尝试的。

#### 7.2.5.1 语调可视化技术

汉语是声调语言,中国人一般通过升高或降低基频来表达不同的词汇意义;而德语是语调语言,德国人用基频变化来表达语言信息。而那些听不出德语中语调变化的习得者也很难正确地模仿发音人的语调,他们会一直使用他们习惯的语调来说德语。语调曲拱可视化的方式被证明对二语习得者学习语调非常有效。自动跟踪基频的算法常常会显示基频很多细小的变化,而夹杂着太多微变化的基频会让二语习得者更加迷茫,不知道句子的语调应该是怎样的曲线。而且这些微不足道的基频变化在语言学方面也不重要。因此我们应该使用一些语音技术先将基频曲线进行处理,只突出对于感知重要的语调曲线,这样便能促使学生抓住语调本质的东西。Hirst(2012)提出的 Momel 模型便能成功地使用内插法在提取的基频曲拱上推算出清辅音部分与停顿部分的基频,可以清除这些基频的微变化。如图 7.6 所示,使用 Momel 技术,原先断断续续的、杂乱无章的一段段基频微曲拱变成了一条连续的、能准确表示语调宏观变化的基频曲拱。

有了表示语调的宏观基频曲拱,学生学习德语语调便有了可以依赖的参照。汉语中的一般疑问句一般由在句末加上疑问词"吗"构成,而不用提高句子的基频。中国德语习得者在产出德语一般疑问句时,虽然没有疑问

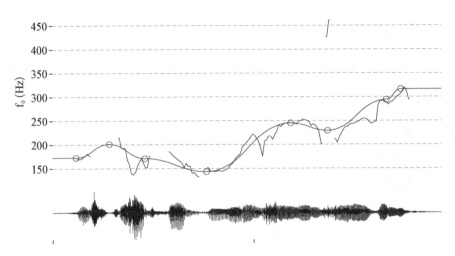

图 7.6　使用 Momel 技术将微观语调（microprosody：由间断的线表示）
变成宏观语调（macroprosody：由连续的线表示）

词,但也不习惯提高音高。比如德语中的一般疑问句 *Hast du etwa Bohnen
in den Ohren?*（字面翻译：难道你耳朵里面有豆子吗?；实际意思：难道你耳
朵听不见吗?)本来语调在句子末尾应该上升,但中国习得者在使用语音系
统的初期,语调往往呈下降走势,如图 7.7(a)所示,疑问句的语调变成了陈
述句的语调。在语音训练系统的帮助下,学生把自己的语调与标准发音人
的语调进行比较,渐渐意识到两者之间的区别,经过一段时间的训练,最终
成功地产出了如图 7.7(b)所示的疑问句的上升语调。

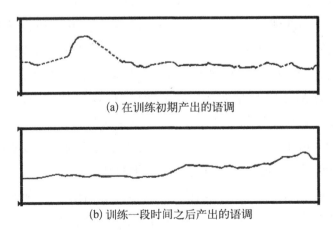

(a) 在训练初期产出的语调

(b) 训练一段时间之后产出的语调

图 7.7　从语音训练系统中截取的一位中国学生一般疑问句的基频 F0 变化

### 7.2.5.2　韵律可视化技术

对于中国学生而言,学习德语中重音的规律不是一件容易的事情。有脑电实验证明不同语言的人感知到的重音受其母语的影响(Honbolygó et al.,2020;纪晓丽 et al.,2018);也有实验表明二语习得者的重音感知还存在很多个人差异(Baumann & Winter,2018);还有实验表明不同语言的成人使用不同的声学线索来感知韵律边界(van Ommen et al.,2020;Ordin & Nespor,2016)。因此,我们需要计算机的视觉辅助手段来提示二语习得者怎样的基频曲线、音强与时长的结合才会被感知成目标语的重音。

我们通常认为在英语与德语中,重读的音节与非重读音节相比,一般音高较高,音强较强,时长也较长(Edwards,2002),而将重音可视化的做法现在通常只是将基频曲线可视化。Mohlholt(2008)介绍的语音训练系统以及我们现在使用的系统都是采用这种技术展示重读与非重读音节的区别。学生能看到的是重读的音节基频较高,非重读音节基频较低,而时长等因素的可视化不是很直观。实际上英语与德语的语调系统非常丰富,词汇的重音可以采用不同的基频变化特征加以表现。Pierrehumbert 和 Hirschberg (1990)使用实际的例子说明英语的重读音节的基频有可能降得很低,而基频的高峰可能在之后出现,有时会在多达两个音节的之后出现基频高峰。德语中也有同样的情况。而另一方面,重读音节的时长也并非总是比非重读的音节长。因此只使用基频或时长来表示重音与韵律有些片面。韵律可视化的最佳方式是将音高、音长与音强同时可视化呈现。这对中国学生来说尤其重要,因为中国学生很难找到感知重音的线索。Hirst(2012)将 Momel 与 Prozed 相结合,便可以非常形象地展示韵律。上面举的这个例句 *Hast du etwa Bohnen in den Ohren?*(难道你耳朵听不见吗?)使用这种韵律可视化方式,我们可以在图 7.8(a)中看到标准发音人的韵律,而中国学生在使用语音训练初期模仿的韵律在图 7.8(b)中可以看到。经过一段时间的训练,这位学生的韵律便发生了改变,可参见图 7.8(c)。

在图 7.8 中,句子的音高曲拱非常清晰地以连续的虚线展示出来;而每个小圆圈相当于每个音节;小圆圈在纵向 y 轴上的水准表示该音节的音高;小圆圈的直径则表示该音节的时长。音高的数值已经通过取基频对数的方式进行归化,单位为 $\log_2(\mathrm{Hz/median})$,这样,不同基频的发音人音高的变化便可以相互比较。音高归化步骤非常重要,这里的音高曲拱展示的不再是基频变化的绝对数值,而是感知上音高变化的数值。德语习得者模仿标准发音人时,便会避免单纯模仿发音人基频的绝对变化值,而是注重感知上音高变化的相对值。有了这样形象生动的可视化韵律的技术辅助,二语习得者很快便能掌握德语的韵律与节奏方面的特点,并能正确地进行模仿。

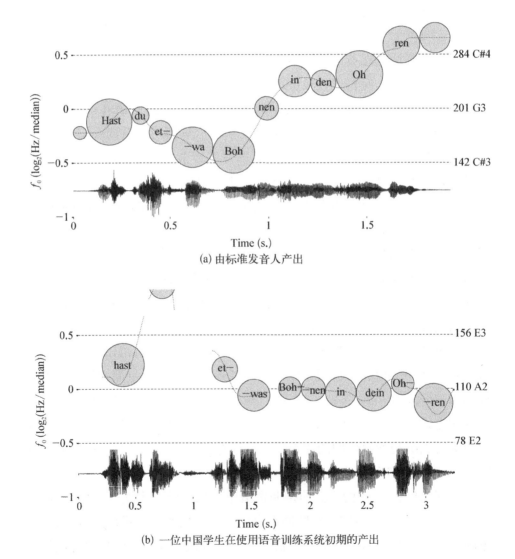

(a) 由标准发音人产出

(b) 一位中国学生在使用语音训练系统初期的产出

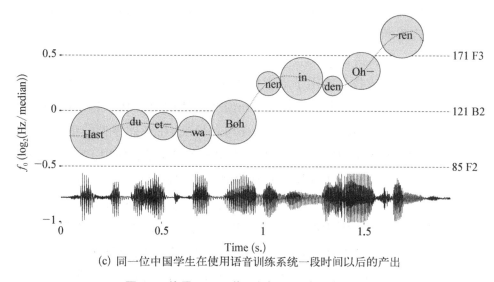

(c) 同一位中国学生在使用语音训练系统一段时间以后的产出

图 7.8　使用 Prozed 将一般疑问句的韵律可视化

比较图 7.8(b)与图 7.8(c)，我们可以非常清楚地观察到这位学生在语音训练之后的进步不仅体现在句子的语调方面，在时长的节奏掌握方面也有很大的改进。在语音训练初期，如图 7.8(b)所示，第二个音节 du 音高太高，以至于超出了合理的范围。一般疑问句没有像书中所学的一样往上升，而是往下降。时长也有很多不合理处。除了句子首尾两音节 hast 和-ren 比较长以外，其他的音节长度相差不大。另外，-was、in、dein 比其他几个音节稍微长一些，而应该强调的名词如 Bohnen（豆子）的时长却较短，另一名词 Ohren（耳朵）的总时长虽较长，但是没有强调单词的主干 Oh-，而是强调了单词的后缀-ren。而经过一段时间训练之后，音高变化不再过多过大，句末音高不再下降，而与本族语发音人一样开始上升，只是结尾的音节升得过高。时长变化也趋于合理。应该突显的两个名词 Bohnen 和 Ohren 的时长明显比其他单词长。Bohnen 中的主干音节 Boh-时长较长，与德语本族发音人一致（见图 7.8(a)）。虽然 Ohren 中的主干音节 Oh-的时长相对加长，但是与词尾音节-ren 的比率还不尽如意。如果重音落在主干音节上，那么 Oh-与-ren 的时长比率应该如图 7.8(a)中的德语本族发音人，前面词干的主音节明显长于后面的后缀音节才符合德语重音的要求。另外，介词 in 的时长可以缩短一些。与图 7.8(a)本族发音人相比，还有不少需要改进的地方。但是,无论是音高变化还是时长变化,经过训练后,都从音节节拍的声调语言逐渐向重音节拍的语调语言过渡。

### 7.2.5.3　语音再合成技术

不仅语音合成技术能用于语音训练系统,语音再合成技术在语音训练系统中也起着很大的作用。Sundstrom(1998)使用语音技术将录制的学生发音进行标注,然后用老师正确的发音与之校准,在考虑停顿的情况下,学生录音的时长和基频按老师标准的发音进行修正,然后使用 PSOLA 的方法进行再合成。这样学生便能够听到语调正确的自己的声音。通过比较自己原始的有语调偏误的录音与经语音再合成的具有正确语调的语音,之间的差异便易于捕捉。因为两种版本使用的都是他自己的声音,语言学方面重要的韵律差异便能很容易听辨出来,也促使学生很快能学会正确的语调韵律。而且 Probst 等人(2002)证实模仿与自己声音相近的标准发音人是学习外语的语音语调最有效的手段。

## 7.2.6　对未来语音系统的建议

显而易见,通过视觉与听觉方面的反馈信息,学生便能渐渐地学会如何感知德语中有区别性特征的音系类别;通过不断练习,能够逐渐掌握语音产出中发音的运动技能。但是为了加速这个过程,还需要克服一些实际的困难,不断改进计算机辅助语音学习系统的性能,例如:

(1)应该加入更多的紧元音与松元音对立、没有声调干扰的练习资料,这样学生将会对元音的性质更加关注,而不是只听声调的区别。

(2)韵律可视化的方式可以进行改进,与已有的语音技术手段相结合,更直观、更综合地展示韵律。

(3)使用语音再合成技术能够合成具有正确韵律的学生自己的声音,提供给学生进行比较,这样最有利于学生的语音语调习得。语音再合成技术应该嵌入语音训练系统中发挥作用。

(4)如果所有的学生都同时使用同一个语音实验室,很难保证一个安静的环境,对语音自动识别以及自动评估结果的准确性会造成一定的影响。而反馈的信息由于错误的评估便不再令人信服,会直接影响学生的学习积极性。如果学生在家里使用语音训练系统自己单独练习,不利于我们收集练习的反馈数据。最佳的做法是研发具有抗噪声能力的语音识别系统与评估系统。语音技术的发展已经为此提供了可能性。

（5）大部分的语言老师不具备声学语音知识，他们对于系统提供的有关反馈信息不完全明白。缺乏声学语音常识的老师也无法解释系统提供的可视化信息。先对语言老师介绍一些语音与声学语音方面的知识非常重要，这样他们才能正确引导学生使用语音训练系统。

（6）学生则希望系统能够储存尽量多的录音语料，最好还能与他们的课本配套。然而长篇连续的语音对于语音识别系统与评估系统都是很大的挑战。我们不可能对所有的文本都事先准备好标准发音人的录音，只有使用语音合成技术才能合成任意文本，然而语音合成技术的自然度还不能让人满意。比较合理的做法是针对不同德语水平提供不同的智能学习系统，系统预先准备好与特定德语水平相匹配的课本配套录音，并训练好语音自动识别系统与自动评估系统。对于更多的文本，使用内嵌的语音合成技术合成，为使用者提供参考。

为了优化语音训练系统、满足学生的需要，语言老师、语音学家以及语音技术工程师须互通信息，共同努力。

## 7.3　结语

根据 Bongaerts（1997）的理论，一位成功的二语习得者需要具备以下三方面的因素：① 很高的学习动机；② 有不间断的大量目标语的输入；③ 强化的目标语语音的感知与产出训练。随着国际化进程的加快，外语习得者越来越希望能说一口地道的外语。而语音训练系统则是外语习得者得力的助手：语音训练系统能通过大量的语音输入为二语习得成年人提供语音感知与产出方面的强化训练，激发他们的学习动机；能够加速二语语音习得过程，帮助学生减少外国口音，学到地道的目标语口音。为了能将语音技术的进步成果在中国学生德语习得中发挥作用，我们做了以下工作：收集了语音数据，分析音段的元音对立问题与超音段方面语调的偏误；提出了一些改进系统设计的建议。随着系统的不断改进，更多的中国德语习得者能够正确地模仿德语本族专业发音人的语音语调，尽快掌握德语的发音要领。

　　当然,仅仅能够通过视觉的辅助,学生即使能忠实地模仿发音人、朗读单独的单词与句子,也不能保证在日常口语交际中能有地道的语音语调。由于受到发音方面的限制,当没有系统的视觉辅助时,学生在日常生活中的口语还会出现很多语音语调的偏误。然而,能在日常外语交流中使用正确的语音语调才是语音教学的最终目的。所以,语音训练系统还需要引导学生一步步从跟读模仿到自己朗读,直至在连续语音的自由对话中产出正确的语音语调。训练系统需要有配套的语音教材和配套的语音技术,才能够在每个阶段向学生提供合适的评估信息,引导学生不断进步,成为学生德语语音学习的忠实伙伴。

# 第 8 章
# 总结与展望

本章将对已进行的研究进行总结,肯定取得的成果,指出期间的不足,并对以后的研究提出新的要求,明确新的方向。

## 8.1 总结

笔者在对中国德语习得者语音语调偏误长期观察的基础上,对中国学生在学习德语过程中出现的音段与超音段方面的问题进行了专门的调查。本书采用实证的方法,对中国学生在德语语音语调习得方面做了比较全面的调查和研究,并利用语言学及语音学理论,针对不同的问题进行实验设计,包括语料选定、语音数据采集、利用语音技术进行数据分析,并将语音的产出与感知相结合,进一步总结出中国习得者语音数据的声学特征及其与德语本族人听力评估结果的相关性,从而确定中国学生中介语中语音语调的主要偏误所在,探讨产生语音语调偏误的因果关系。本书尤其重点研究了以下偏误:

(1) 元音的偏误。由于汉语元音与德语元音系统的差异,中国德语习得者的元音发音受到母语的负迁移。对那些汉语语音系统中不存在的元音发生偏误的概率更高。找准德语短元音的发音部位并掌握其圆唇度,对于中国学生来说是学习元音中的难点。

(2) 辅音的偏误。作为重音节拍语言的德语音节结构复杂,辅音较多,并存在长度不等的辅音丛。中国学生往往采用加音、替换和省略的策略处理汉语中没有的音节尾辅音及辅音丛,德语元音后的清晰/l/也很难准确产出。由于德汉语音系统在辅音方面的差异,因此而产生辅音的偏误。

（3）语调的偏误。中国德语习得者在韵律方面的偏差主要体现在语调类型不合适、音高的变化过于频繁等，例如在音节层面上的音高变化过多过大，而句子层面上的音高变化不符合德语语调的习惯。

（4）节律的偏误。通过分析比较德语本族人及中国德语习得者德语口语的元音段时长比率和辅音段时长标准差，从另一方面阐述重音节拍语言德语与音节节拍语言汉语在节律方面的区别。研究表明，中国德语习得者口语节律的偏误主要表现在非重读的音节没有弱化，音节中时长的分配不符合重音节拍语言的规律。另外，频繁的加音现象也使重音节拍的德语听上去更像音节节拍的汉语。

除了以上语言因素以外，非语言因素比如年龄因素、生活学习环境等在二语习得中也起着重要的作用。大部分中国德语习得者开始学习德语的年龄是在 18 岁以后，其在德语学习中最难克服的困难就是其口语表达和语音语调。针对中国德语习得者的特点，笔者提出了使用智能化计算机辅助语音学习系统的解决方案，并在教学实践中尝试使用了合作研发的 EURONOUNCE 智能系统。结果证明，通过使用个性化、互动式、多模态的智能学习系统，学生口语的语音语调得到明显的改善。

本书采用建立语音数据库的方式研究了中国德语习得者中介语的语音语调偏误，并提出基于语音技术手段的解决方案，既为我们了解德语习得者中介语的偏误提供了比较全面的信息，也为语音语调教学提供了可行的方法。

虽然本书的研究在探讨中国德语学习者语音语调习得方面取得了一些进展，但目前仍存在一些有待改进的地方，大致可以归纳为以下两点：

（1）研究内容有待进一步充实。无论是音段还是超音段方面都还有很多领域需要继续探索。

（2）研究方法有待多样化，实验设计有待进一步优化。本书的大部分实验是在录音室内通过录制朗读语料而收集数据。作为数据处理的前期工作，首先要对语音语调进行标注。标注工作非常繁复，但是标注的精确度又直接影响后续数据处理结果。在语音实验室录制朗读语料既可以获得高质量的语料，也可以简化标注过程，提高数据处理精度。来自现实生活中鲜活的语料却更能够反映实际问题，但由于实验条件发生变化，这样采集的数据会引入系统误差而给进一步分析带来很多困难。所以,下一步的工作是在本书实验的基础上,控制实验干扰,优化实验过程,充分利用现实生活中的语料,保证实验的一致性,推进更加有效的研究。

## 8.2　结语

随着中国国际化和现代化的步伐不断加快,越来越多的人由于工作等需要开始注重英语或其他外语口语的交际能力。本书研究德语语音学习的方法既能推广至其他第二外语习得研究,也能为英语语音习得研究提供可借鉴的信息。理解人们学习外语语音语调的习惯和规律,将语音技术与语音教学相结合,研发嵌入式的智能化语音学习系统是顺应社会需求的必经之路。

# 参考文献

陈桦.2008.学习者英语朗读中重音复现的节奏归类研究[J].外语与外语教学(3)：35-37.

丁红卫.2014.中国大学生德语音节尾辅音发音的实验研究[J].南京师范大学文学院学报(3)：176-185.

冯友.2005.大学英语学习者吞音现象调查：一项基于语料库的研究[J].外语教学与研究(6)：453-459.

高琳,邓耀臣.2009.中国大学生英语单词重音位移现象研究：一项基于语料库的研究[J].外语界,46(3)：12-18.

纪晓丽,张辉,李爱军,等.2018.不同水平学习者对英语语调感知的实证研究[J].外语教学与研究,50(3)：393-406.

王桂珍.1990.汉英音幅与基频模式的特点及其对英语语音教学的启示[J].现代外语,1.

王茂林.2009.中国学习者英语词中塞音发音分析[J].现代外语,32(2)：186-194.

卫乃兴,高霞.2005.COLSEC 语料库中的语音错误初始研究[G]//杨惠中,卫乃兴.中国学习者英语口语语料库建设与研究.上海：上海外语教育出版社：48-58.

杨惠中,卫乃兴.2005.中国学习者英语口语语料库建设与研究[M].上海外语教育出版社.

俞理明.2004.语言迁移与二语习得：回顾、反思和研究[M].上海：上海外语教育出版社.

ABERCROMBIE D，1967. Elements of general phonetics[M]. Aldine：Chicago.

ABRAMSON A，LISKER L，1970. Discriminability along the voicing continuum：Cross language tests[C]//Proceedings of the 6th International Congress of Phonetic Sciences：569-573.

ARCHIBALD J，1992. Adult abilities in L2 speech：Evidence from stress[G]//

New Sounds 92: Proceedings of the 1992 Amsterdam Symposium on the Acquisition of Second Language Speech. Amsterdam: University of Amsterdam Press: 1 – 16.

BACHMAN L F, 1990. Fundamental Considerations in Language Testing[M]. Oxford University Press.

BARRY W J, ANDREEVA B, RUSSO M, et al., 2003. Do rhythm measures tell us anything about language type? [C]//Proceedings of the 15th International Congress of Phonetics Sciences. Barcelona: 2693 – 2696.

BAUMANN S, GRICE M, BENZMÜLLER R, 2000. GToBI – a phonological system for the transcription of German intonation[C]//Proc. Prosody 2000: Speech Recognition and Synthesis. Poznan: Adam Mickiewicz University, Faculty of Modern Languages: 21 – 28.

BAUMANN S, WINTER B, 2018. What makes a word prominent? Predicting untrained German listeners' perceptual judgments[J]. Journal of Phonetics, 70: 20 – 38.

BENSON M J, 1991. Attitudes and motivation towards English: A survey of Japanese freshmen [J]. RELC Journal, 22(1): 34 – 48.

BEST C T, 1995. A direct realist view of cross-language speech perception: New Directions in Research and Theory[G]//STRANGE W. Speech perception and linguistic experience: Theoretical and methodological issues. Baltimore: York Press: 171 – 204.

BEST C T, TYLER M, 2007. Nonnative and second-language speech perception: Commonalities and complementarities [G]//MUNRO M J, BOHN O S. Language Experience in Second Language Speech Learning. In Honor of James Emil Flege. John Benjamins: 13 – 34.

BIRDSONG D, 2005. Nativelikeness and non-nativelikeness in L2A research [J]. International Review of Applied Linguistics, 43: 319 – 328.

BIRKHOLZ P, 2013. Modeling consonant-vowel coarticulation for articulatory speech synthesis[J]. PLoS ONE, 8(4): e60603.

BIRKHOLZ P, MARTIN L, XU Y, et al., 2017. Manipulation of the prosodic features of vocal tract length, nasality and articulatory precision using articulatory synthesis[J]. Computer Speech & Language, 41: 116 – 127.

BOERSMA P, WEENINK D, 2019. Praat: doing phonetics by computer

[Computer program][EB/OL]. http://www.praat.org.

BOHN O S, 1995. Cross-language speech perception in adults: First language transfer doesn't tell it all[J]. Speech perception and linguistic experience: Issues in cross-language research: 279 - 304.

BOHN O, MUNRO M, 2007. Language Experience in Second Language Speech Learning: In Honor of James Emil Flege[M]. Benjamins, Amsterdam.

BONGAERTS T, van SUMMEREN C, PLANKEN B, et al., 1997. Age and ultimate attainment in the pronunciation of a foreign language[J]. Studies in Second Language Acquisition, 19: 447 - 465.

BORDEN G, GERBER A, MILSARK G, 1983. Production and perception of the /r/-/l/Contrast in Korean Adults Learning English[J]. Language Learning, 33: 499 - 526.

BRAUNSCHWEILER N, 2003. Automatic Detection of Prosodic Cues [D]. Universität Konstanz.

BRIÈRE E J, 1966. An investigation of phonological interference[J]. Language, 42 (4): 768 - 796.

BROSELOW E, FINER D, 1991. Parameter setting in second language phonology and syntax[J]. Interlanguage Studies Bulletin (Utrecht), 7(1): 35 - 59.

BROWN C, 2000. The interrelation between speech perception and phonological acquisition from infant to adult[J]. Second Language Acquisition and Linguistic Theory, 1: 4 - 64.

CARLETTA J, 1996. Assessing agreement on classification tasks: The kappa statistic[J]. Computational Linguistics, 22(2): 249 - 254.

CARLISLE R S, 1994. Markedness and environment as internal constraints on the variability of interlanguage phonology[J]. First and Second Language Phonology: 223 - 249.

CHAO Y, 1968. A Grammar of Spoken Chinese[M]. Berkeley: University of California Press.

CUCCHIARINI C, NERI A, de WET F, et al., 2007. ASR-based pronunciation training: scoring accuracy and pedagogical effectiveness of a system for Dutch L2 learners[C]//Interspeech. Antwerp: 2181 - 2184.

DAVIDSON L, 2006. Phonology, phonetics, or frequency: Influences on the production of non-native sequences [J]. Journal of Phonetics, 34: 104 - 137.

DE LEEUW E, 2019. Native speech plasticity in the German-English late bilingual Stefanie Graf: A longitudinal study over four decades[J]. Journal of Phonetics, 73: 24 – 39.

DELLWO V, WAGNER P, 2003. Relations between language rhythm and speech rate[C]//Proceedings of the 15th International Congress of Phonetic Sciences. Barcelona: 471 – 474.

DENES P B, PINSON E N, 2012. The Speech Chain: The Physics and Biology of Spoken Language[M]. Literary Licensing, LLC.

DING H, 2013a. An Acoustic-phonetic Analysis of Chinese in Comparison with German in Text-to-Speech Systems and Foreign Language Speech Learning [M]. TUDpress.

DING H, HOFFMANN R, 2013. An investigation of vowel epenthesis in Chinese learners' production of German consonants[C]//Interspeech: 1007 – 1011.

DING H, HOFFMANN R, 2014. A durational study of German speech rhythm by Chinese learners[C]//Speech Prosody 2014: 295 – 299.

DING H, HOFFMANN R, 2015. An investigation of prosodic features in the German speech of Chinese speakers[G]//DELAIS-ROUSSARIE E, HERMENT S, AVANZI M. Prosody, Phonology and Phonetics: Prosody and Language in Contact L2 Acquisition, Attrition and Languages in Multilingual Situations. Springer: 221 – 242.

DING H, HOFFMANN R, JOKISCH O, 2017. Prosodic correlates of voice preference in Mandarin Chinese and German: a cross-linguistic comparison [G]// TROUVAIN J, STEINER I, MÖBIUS B. Studientexte zur Sprachkommunikation: vol. 86. TUDpress: 83 – 90.

DING H, JÄCKEL R, 2013. A preliminary longitudinal investigation of German speech rhythm by Chinese learners[C]//Phonetics, Phonology, Languages in Contact: 79 – 85.

DING H, JÄCKEL R, HOFFMANN R, 2013b. A preliminary investigation of German rhythms by Chinese learners [G]//WAGNER P. Studientexte zur Sprachkommunikation: Elektronische Sprachsignalverarbeitung: vol. 65. TUDpress: 79 – 85.

DING H, JOKISCH O, 2012. A preliminary investigation of tense-lax contrast of German vowels by Chinese learners [G]//WOLFF M. Studientexte zur

Sprachkommunikation: Elektronische Sprachsignalverarbeitung: vol. 64. TUDpress: 153 - 158.

DING H, JOKISCH O, HOFFMANN R, 2006. F0 analysis of Chinese accented German speech[C]//Proceedings of ISCSLP. Singapore: 49 - 56.

DING H, JOKISCH O, HOFFMANN R, 2007. Perception and analysis of Chinese accented German vowels[J]. Archives of Acoustics, 32(1): 89 - 100.

DING H, JOKISCH O, HOFFMANN R, 2010a. Perception and Production of Mandarin Tones by German Speakers[C]//Speech Prosody 2010.

DING H, JOKISCH O, HOFFMANN R, 2011. An acoustic and perceptive analysis of postvocalic/l/in Mandarin Chinese learners of German[C]//Proc. ICPhS. Hongkong: 580 - 583.

DING H, JOKISCH O, HOFFMANN R, 2012a. A Phonetic Investigation of Intonational Foreign Accent in Mandarin Chinese Learners of German[C]// Speech Prosody 2012: 374 - 377.

DING H, JOKISCH O, HOFFMANN R, 2012b. An audiovisual feedback system for pronunciation tutoring - Mandarin Chinese learners of German [G]//Lecture Notes in Computer Science: Cognitive Behavioural Systems: vol. 7403. Springer: 191 - 197.

DING H, MIXDORFF H, JOKISCH O, 2010b. Pronunciation of German syllable codas of Mandarin Chinese speakers[G]//Studientexte zur Sprachkommunikation: vol. 54: 281 - 287.

DODSWORTH R, 2005. Attribute networking: A technique for modeling social perceptions[J]. Journal of Sociolinguistics, 9(2): 225 - 253.

DULAY H, BURT M, 1977. Remarks on creativity in language acquisition[G]// BURT M, DULAY H, M. F. Viewpoints on English as a Second Language. New York: Regents: 95 - 126.

EADY S, 1982. Differences in the F0 patterns of speech: Tone language versus stress language[J]. Language and Speech, 25: 29 - 42.

EDWARDS H, 2002. Applied phonetics: The Sound of American English[M]. 3rd ed. Delmar Cengage Learning.

EIMAS P D, SIQUELAND E R, JUSCZYK P, et al., 1971. Speech perception in infants[J]. Science, 171: 303 - 306.

ELLIS R, 1989. Are Classroom and Naturalistic Acquisition the Same? [J]. Studies in Second Language Acquisition，11(3)：305－328.

ESKENAZI M，2009. An overview of spoken language technology for education［J］. Speech Communication，51：832－844.

FAGEL S，2010. Effects of smiling on articulation：Lips，larynx and acoustics ［G］//ESPOSITO A，CAMPBELL N，VOGEL C，et al. Lecture Notes in Computer Science：Development of Multimodal Interfaces：Active Listening and Synchrony：vol. 5967. Springer Berlin Heidelberg：294－303.

FALLSIDE F，WOODS W，1985. Computer Speech Processing［M］. Prentice-Hall International（UK）Ltd.

FANT G，1970. Acoustic Theory of Speech Production［M］. 2nd ed. Walter de Gruyter.

FANT G，KRUCKENBERG A，GUSTAFSON K，et al.，2002. A new approach to intonation analysis and synthesis of Swedish［C］//Speech Prosody 2002：283－286.

FLEGE J E，BOHN O S，2021. The Revised Speech Learning Model（SLMr）［G］//WAYLAND R. Second Language Speech Learning：Theoretical and Empirical Progress. Cambridge：Cambridge University Press：3－83.

FLEGE J E，1987. The production of "new" and "similar" phones in a foreign language：Evidence for the effect of equivalence classification［J］. Journal of Phonetics，15：47－56.

FLEGE J E，1988. Using visual information to train foreign language vowel production［J］. Language Learning，38(3)：365－407.

FLEGE J E，1989. Chinese subjects' perception of the word-final English/t/-/d/ contrast：Performance before and after training［J］. Journal of the Acoustical Society of America，86：1684－1697.

FLEGE J E，1995. Second language speech learning：Theory，findings，and problems［G］//STRANGE W. Speech Perception and Linguistic Experience：Issues in Cross-Language Research. Baltimore：York Press：233－277.

FLEGE J E，BIRDSONG D，BIALYSTOK E，et al.，2006. Degree of foreign accent in English sentences produced by Korean children and adults［J］. Journal of Phonetics，34(2)：153－175.

FLEGE J E，EEFTING W，1987. Production and perception of English stops by native Spanish speakers［J］. Journal of Phonetics，15：67－83.

FLEGE J E, YENI-KOMSHIAN G, LIU S, 1999. Age constraints on secondlanguage acquisition[J]. Journal of Memory and Language, 41: 78 - 104.

FUDGE E C, 1969. Syllables[J]. Journal of Linguistics, 5(2): 253 - 286.

GAFOS A, 2002. A grammar of gestural coordination[J]. Natural Language and Linguistic Theory, 20(2): 269 - 337.

GAO Y, DING H, BIRKHOLZ P, 2020. An acoustic comparison of German tense and lax vowels produced by German native speakers and Mandarin Chinese learners[J]. The Journal of the Acoustical Society of America, 148 (1): EL112 - EL118.

GAO Y, DING H, BIRKHOLZ P, et al., 2019. Perception of German tense and lax vowel contrast by Chinese learners[G]//Studientexte zur Sprachkommunikation: vol. 93. TUDpress: 25 - 32.

GRABE E, 1998. Pitch accent realization in English and German[J]. Journal of Phonetics, 26(2): 129 - 143.

GRABE E, LOW E, 2002. Durational variability in speech and the rhythm class hypothesis[G]//GUSSENHOVEN C, WARNER N. Laboratory Phonology 7. Berlin: Mouton: 515 - 546.

GRICE M, BAUMANN S, 2002. Deutsche Intonation und GTobi[J]. Linguistische Berichte, 191: 267 - 298.

GRICE M, BENZMÜLLER R, 1995. Transcription of German intonation using ToBI-tones: The Saarbrücken System[J]. PHONUS (Research Report, Institute of Phonetics, University of the Saarland), 1: 33 - 51.

GRICE M, REYELT M, BENZMÜLLER R, et al., 1996. Consistency in Transcription and Labelling of German Intonation with GToBI[C]//Proceedings of the 4th International Conference on Spoken Language Processing. Philadelphia: 1716 - 1719.

GROSJEAN F, 2010. Bilingual: Life and Reality[M]. Harvard University Press.

GUSSENHOVEN C, 2005. Transcription of Dutch Intonation [G/OL]//The Phonology of Intonation and Phrasing. Oxford University Press. http://to di. let. kun. nl/ToDI/home. htm.

GUT U, 2003. Prosody in second language speech production: The role of the native language[J]. Fremdsprachen Lehren und Lernen, 32: 133 - 152.

GUT U, 2009. Non-native Speech: A Corpus-based Analysis of Phonological and

Phonetic Properties[M]. Peter Lang GmbH.

HALL N, 2011. Vowel epenthesis[G]//VAN OOSTENDORP M, COLIN J, HUME E, et al. The blackwell Companion to Phonology. Wiley-Blackwell: 1576 – 1596.

HANDLEY Z, 2009. Is text-to-speech synthesis ready for use in computerassisted language learning? [J]. Speech Communication, 51(10): 906 – 919.

HANSEN J G, 2001. Linguistic constraints on the acquisition of English syllable codas by native speakers of Mandarin Chinese[J]. Applied Linguistics, 22(3): 338 – 365.

HENRY N, JACKSON C N, DIMIDIO J, 2017. The role of prosody and explicit instruction in processing instruction[J]. The Modern Language Journal, 101(2): 294 – 314.

HESS W J, 1992. Speech synthesis – a solved problem? [G]//VANDEWALLE J, et Al. Proc. EUSIPCO 92. Elsevier Science Publishers B. V.: 37 – 46.

HILBERT A, MIXDORFF H, DING H, et al., 2010. Prosodic analysis of German produced by Russian and Chinese learners[C]//Speech Prosody 2010, Paper 984.

HINCKS R, 2004. Processing the prosody of oral presentations[C]//Proc. In-STIL/ICALL 2004 Symposium on Computer Assisted Learning: paper 016.

HIRST D, 2003. Pitch parameters for prosodic typology: A preliminary comparison of English and French[C]//Proceedings the 15th ICPhS. Barcelona.

HIRST D, 2009. The rhythm of text and the rhythm of utterances: from metrics to models[C]//Interspeech: 1519 – 1522.

HIRST D, 2012. ProZed: A speech prosody analysis-by-synthesis tool for linguists [C]//Speech Prosody 2012: 15 – 18.

HIRST D, DI CRISTO A, 1998. Intonation systems: A survey of intonation systems[G]//. Intonation Systems. A Survey of Twenty Languages. Cambridge University Press, Cambridge: 1 – 44.

HIRST D, DI CRISTO A, ESPESSER R, 2000. Levels of representation and levels of analysis for the description of intonation systems[G]//HORNE M. Prosody: Theory and Experiment. Kluwer Academic Publishers, Dordrecht.

HOFFMANN R, 2012. Analysis-by-synthesis in prosody research[C]//Speech Prosody 2012: 1 – 6.

HONBOLYGÓ F, KÓBOR A, GERMAN B, et al., 2020. Word stress

representations are language-specific: Evidence from event-related brain potentials [J]. Psychophysiology, 57(5): 1 - 12.

HOWIE J M, 1974. On the domain of tone in Mandarin: Some acoustical evidence [J]. Phonetica, 30: 129 - 148.

HUSSEIN H, MIXDORFF H, DO H S, et al., 2010. Towards a computer-aided pronunciation training system for German learners of Mandarin-prosodic analysis [C]//Proc. 2nd Language Studies: Acquisition, Learning, Education and Technology ( SLaTE).

ISHI C, HIROSE K, 2000. Influence of speaking rate on segmental duration and its formulation for the use in CALL systems[C]//Proc. ESCA ETRW INSTiL2000. Dundee, Scotland: 106 - 108.

IZUMI E, UCHIMOTO K, ISAHARA H, 2005. Error annotation for corpus of Japanese learner English[C]//Proceedings of the 6th International Workshop on Linguistically Interpreted Corpora (LINC-2005): 71 - 80.

JAMIESON D G, MOROSAN D E, 1986. Training non-native speech contrasts in adults: Acquisition of the English/ð/-/θ/contrast by francophones[J]. Perception & Psychophysics, 40: 205 - 215.

JILKA M, 2000. The contribution of intonation to the perception of foreign accent [D]. Doctoral Dissertation, University of Stuttgart.

JILKA M, MÖHLER G, 1998. Intonational foreign accent: Speech technology and foreign language teaching[C]//Proc. ESCA Workshop on Speech Technology in Language Learning: 115 - 118.

JOKISCH O, DING H, HOFFMANN R, 2011. Acoustic analysis of postvocalic/l/ in Chinese learners of German in the context of an overall perception experiment [C]//Proc. Speech and Language Technology in Education (SLaTE).

JOKISCH O, JÄCKEL R, RUSKO M, et al., 2008. The EURONOUNCE project—An intelligent language tutoring system with multimodal feedback functions: Roadmap and specification[G]//Studientexte zur Sprachkommunikation: vol. 50: 116 - 123.

JONES D, 1956. An Outline of English Phonetics[M]. Heffer, Cambridge. JUN S A, 2005. Korean intonational phonology and prosodic transcription [G]//. Prosodic Typology: The Phonology of Intonation and Phrasing. Oxford University Press: 201 - 229.

KIM M, LU Y A, 2011. Prosody transfer in second language acquisition: Mandarin Chinese tonal alignment in English pitch accent[J]. Journal of the Acoustical Society of America, 129: 2659 – 2659.

KOHLER K, 1977. Einführung in die Phonetik des Deutschen[M]. Schmidt, Berlin.

KOHLER K, 1994. Glottal Stops and Glottalization in German[J]. Phonetica, 51: 38 – 51.

KRASHEN S D, 1981. Second Language Acquisition and Second Language Learning [M]. Oxford: Pergamon.

KRASHEN S D, TERRELL T D, 1983. The Natural Approach: Language Acquisition in the Classroom[M]. London: Prentice Hall.

KRÖGER B J, 1993. A gestural production model and its application to reduction in German[J]. Phonetica, 50(4): 213 – 233.

LADO R, 1957. Linguistics Across Cultures[M]. University of Michigan Press.

LEATHER J, JAMES A, 1991. The acquisition of second language speech[J]. Studies in Second Language Acquisition, 13(3): 305 – 341.

LEHNERT-LEHOUILLIER H, 2010. A cross-linguistic investigation of cues to vowel length perception[J]. Journal of Phonetics, 38: 472 – 482.

LEVY E, STRANGE W, 2008. Perception of French vowels by American English adults with and without French language experience[J]. Journal of Phonetics, 36: 141 – 157.

LIN H, WANG Q, 2005. Vowel quantity and consonant variance: A comparison between Chinese and English[C]//Proceedings of Between stress and tone. Leiden.

LIN H, WANG Q, 2007. Mandarin rhythm: An acoustic study[J]. Journal of Chinese Linguistics and Computing, 17(3): 127 – 140.

LINDBLOM B, SUNDBERG J, 1969. A quantitative theory of cardinal vowels and the teaching of pronunciation[C]//The 2nd International Congress of Applied Linguistics. Cambridge, England.

LING L E, GRABE E, NOLAN F, 2000. Quantitative characterizations of speech rhythm: Syllable-timing in Singapore English[J]. Language and Speech, 43: 377 – 401.

LITTLEWOOD W, 1984. Foreign and Second Language Learning: Language Acquisition Research and Its Implications for the Classroom[M]. Cambridge

University Press.

MADDIESON I, 1984. Patterns of Sounds[M]. Cambridge University Press.

MÁRTONY J, 1968. On the correction of the voice pitch level for severely hard of hearing subjects[J]. American Annals of the Deaf, 113: 195 - 202.

MATZINGER T, RITT N, FITCH W, 2020. Non-native speaker pause patterns closely correspond to those of native speakers at different speech rates [J]. Plos One, 15(4): e0230710.

MCCARTHY J J, 1986. OCP effects: Gemination and antigemination [J]. Linguistic Inquiry, 17: 207 - 263.

MINEMATSU N, KAMATA K, ASAKAWA S, et al., 2007. Structural Representation of Pronunciation and its Application for. Classifying Japanese Learners of English[C]//Proc. ISCA ITRW Speech and Language for Education (SLaTE) Workshop.

MINEMATSU N, OKABE K, OGAKI K, et al., 2011. Measurement of Objective Intelligibility of Japanese Accented English Using ERJ (English Read by Japanese) Database[C]//Interspeech: 1481 - 1484.

MIYAWAKI K, JENKINS J J, STRANGE W, et al., 1975. An effect of linguistic experience: The discrimination of [r] and [l] by native speakers of Japanese and English[J]. Perception & Psychophysics, 18(5): 331 - 340.

MOLHOLT G, HWU F, 2008. Visualization of speech patterns for language learning[G]//HOLLAND V, FISHER F. The Path of Speech Technologies in Computer Assisted Language Learning: From Research toward Practice. Routledge, New York, NY: 91 - 122.

MOYER A, 2004. Age, Accent and Experience in Second Language Acquisition [M]. Bristol: Multilingual Matters.

ORDIN M, NESPOR M, 2016. Native language influence in the segmentation of a novel language[J]. Language Learning and Development, 12(4): 461 - 481.

PETERSON G E, LEHISTE I, 1960. Duration of syllable nuclei in English[J]. Journal of the Acoustical Society of America, 32(6): 693 - 703.

PIERREHUMBERT J B, 1980. The Phonology and Phonetics of English Intonation [D]. PhD thesis, MIT.

PIERREHUMBERT J B, HIRSCHBERG J, 1990. The meaning of intonation in the interpretation of discourse [G]//COHEN P, MORGAN J, POLLACK M.

Intentions in Communication. Cambridge,MA: MIT Press.

PIKE K L, 1945. The intonation of American English[M]. University Press: Michigan.

PISKE T, MACKAY I R, FLEGE J E, 2001. Factors affecting degree of foreign accent in an L2: A review[J]. Journal of Phonetics, 29(2): 191 - 215.

PISONI D B, ASLIN R N, PEREY A J, et al., 1982. Some effects of laboratory training on identification and discrimination of voicing contrasts in stop consonants [J]. Journal of Experimental Psychology: Human Perception and Performance, 8(2): 297 - 314.

POMPINO-MARSCHALL B, ZYGIS M, 2010. Glottal marking of vowelinitial words in German[G]//Papers from the Linguistics Laboratory, ZASPiL: vol. 52. Berlin: ZAS: 1 - 17.

PROBST K, KE Y, ESKENAZI M, 2002. Enhancing foreign language tutors-in search of the golden speaker[J]. Speech Communication, 37: 161 - 173.

QIAN X, MENG H, SOONG F, 2010. Capturing L2 segmental mispronunciations with joint-sequence models in computer-aided pronunciation training (CAPT) [C]//Proc. Chinese Spoken Language Processing (ISCSLP): 84 - 88.

RAMERS K H, 1998. Vokalquantität und-qualität im Deutschen [M]. Niemeyer, Tübingen.

RAMUS F, NESPOR M, MEHLER J, 1999. Correlates of linguistic rhythm in the speech signal[J]. Cognition, 73: 265 - 292.

RECASENS D, 2012. A cross-language acoustic study of initial and final allophones of/l/[J]. Speech Communication, 54: 368 - 383.

RECASENS D, ESPINOSA A, 2005. Articulatory, positional and coarticulatory characteristics for clear/l/and dark/l/: Evidence from two Catalan dialects[J]. Journal of International Phonetic Association, 35(1): 1 - 25.

RECASENS D, FONTDEVILA J, PALLARÈS M, 1995. Velarization degree and coarticulatory resistance for/l/in Catalan and German[J]. Journal of Phonetics, 23: 37 - 52.

ROSENBERG A, 2010. AuToBI - A tool for automatic ToBI annotation[C]// Interspeech.

SAVILLE-TROIKE M, 2006. Introducing Second Language Acquisition [M]. Cambridge University Press.

SCOVEL T, 1988. A Time to Speak: A Psycholinguistic Inquiry into the Critical Period for Human Speech[M]. New York, NY: Newbury House Publishers.

SELINKER L, 1969. Language transfer[J]. General Linguistics, 9(2): 67 - 92.

SELINKER L, 1972. Interlanguage[J]. International Review of Applied Linguistics in Language Teaching, 10: 209 - 231.

SENEFF S, WANG C, ZHANG J, 2004. Spoken conversational interaction for language learning[C]//InSTIL/ICALL Symposium: 151 - 154.

SPROAT R, 2008. Linguistic Processing for Speech Synthesis[G]//BENESTY J, SONDHI M M, HUANG Y A. Linguistic processing for speech synthesis. Springer: 457 - 470.

SPROAT R, FUJIMURA O, 1993. Allophonic variation in English/l/and its implications for phonetic implementation[J]. Journal of Phonetics, 21: 291 - 311.

STEVENS K N, 1972. The quantal nature of speech: evidence from articulatory-acoustic data[G]//DAVID E, DENES P. Human Communication: A Unified View. McGraw-Hill, New York, NY: 51 - 66.

STEVENS K N, 1989. On the quantal nature of speech[J]. Journal of Phonetics, 17: 3 - 46.

STEVENS K N, HOUSE A, 1955. Development of a quantitative description of vowel articulation[J]. Journal of the Acoustical Society of America, 27: 484 - 493.

STEVENS S S, VOLKMANN J, 1940. The relation of pitch to frequency: a revised scale[J]. American Journal of Psychology, 53: 329 - 353.

STRANGE W, DITTMANN S, 1984. Effects of discrimination training on the perception of/r-l/by Japanese adults learning English [J]. Perception & Psychophysics, 36(2): 131 - 145.

SUNDSTROM A, 1998. Automatic prosody modification as a means for foreign language pronunciation training[C]//Proc. ESCA ETRW STiLL. Marholmen, Sweden: 49 - 52.

SYRDAL A, HIRSCHBERG J, MCGORY J, et al., 2000. Automatic ToBI prediction and alignment to speed manual labeling of prosody [J]. Speech Communication, 33: 135 - 151.

ULBRICH C, 2006. Pitch range is not pitch range[C]//Speech Prosody 2006: 843 - 846.

ULBRICH C, MENNEN I, 2016. When prosody kicks in: The intricate interplay between segments and prosody in perceptions of foreign accent[J]. International Journal of Bilingualism, 20(5): 522 – 549.

VAN OMMEN S, BOLL-AVETISYAN N, LARRAZA S, et al., 2020. Language-specific prosodic acquisition: A comparison of phrase boundary perception by French- and German-learning infants[J]. Journal of Memory and Language, 112.

VAN SANTEN J P H, BUCHSBAUM A L, 1997. Methods for optimal text selection[C]//Proc. EUROSPEECH: 553 – 556.

VENDITTI J J, 2005. The J_ToBI Model of Japanese Intonation[G]//JUN S A. Prosodic Typology: The Phonology of Intonation and Phrasing. Oxford University Press: 172 – 200.

WAGNER-GOUGH J, HATCH E, 1975. The importance of input data in second language acquisition studies[J]. Language Learning, 25(2): 297 – 308.

WEINBERGER S, 1987. The influence of linguistic context on syllable simplification[G]//IOUP G, WEINBERGER S. Interlanguage Phonology: The Acquisition of a Second Language Sound System. Cambrige, MA: Newbury House: 401 – 417.

WELLS J, 1995. Computer-coding the IPA: A proposed extensions of SAMPA [EB]. Department of Phonetics.

WELLS J, BARRY W, GRICE M, et al., 1992. Standard computer-compatible transcription[G]//Technical Report, SAM Stage Report. London: University College.

WERKER J F, TEES R C, 1984. Cross-language speech perception: Evidence for perceptual reorganization during the first year of life[J]. Infant Behavior and Development, 7: 49 – 63.

WREMBEL M, 2010. L2 – accented speech in L3 production[J]. International Journal of Multilingualism, 7(1): 75 – 90.

YU A C L, 2010. Tonal effects on perceived vowel duration[G]//Laboratory Phonology 10. Berlin: Mouton de Gruyter: 151 – 168.

# 索 引